西藏自治区教育厅和西藏民族大学学术著作出版基金资助项目

Gaoceng Guanlizhe Guanxi Dui Xinchanpin
Kaifa Nengli De Yingxiang Yanjiu

高层管理者关系对新产品开发能力的影响研究

马丽 著

·广州·

版权所有　翻印必究

图书在版编目（CIP）数据

高层管理者关系对新产品开发能力的影响研究/马丽著. —广州：中山大学出版社，2021.5

ISBN 978-7-306-07198-9

Ⅰ. ①高… Ⅱ. ①马… Ⅲ. ①企业管理—组织管理学—关系—产品开发—研究　Ⅳ. ①F272.9

中国版本图书馆 CIP 数据核字（2021）第 070392 号

出 版 人：	王天琪
策划编辑：	嵇春霞
责任编辑：	潘惠虹
封面设计：	林绵华
责任校对：	卢思敏
责任技编：	何雅涛
出版发行：	中山大学出版社
电　　话：	编辑部 020-84110283，84113349，84111997，84110779，84110776
	发行部 020-84111998，84111981，84111160
地　　址：	广州市新港西路 135 号
邮　　编：	510275　　传　真：020-84036565
网　　址：	http://www.zsup.com.cn　　E-mail：zdcbs@mail.sysu.edu.cn
印 刷 者：	佛山市家联印刷有限公司
规　　格：	787mm×1092mm　1/16　13.25 印张　231 千字
版次印次：	2021 年 5 月第 1 版　2021 年 5 月第 1 次印刷
定　　价：	42.00 元

如发现本书因印装质量影响阅读，请与出版社发行部联系调换

前　　言

　　经济全球化和改革开放的深化使得创新成为时代发展的主题。科学技术的进步缩短了产品的生命周期，社会经济的发展加剧了产品需求的多样化，企业之间的竞争变得越发激烈。新产品的开发和推出成为同类企业竞争的焦点。新产品开发能力成为企业获得可持续竞争优势的关键性因素。但对大多数企业而言，依靠企业自身资源和能力提高新产品的开发速度和推进商业化进程是有一定困难的。为了应对复杂动态的市场环境，企业需转变传统创新模式为开放式创新模式。现有研究从知识多样化、资源差异化以及供应链企业整合的视角分析了企业之间的交互作用对新产品开发能力的影响，却忽略了高层管理者关系这种跨边界行为对企业新产品开发能力的影响。高层管理者关系在转型经济背景下对企业经营发展的影响已经得到了学者们的肯定，但高层管理者关系对企业绩效的影响效应却未得到一致认可，而深入剖析高层管理者关系对企业绩效的作用路径有利于找到此问题的答案。因此，本书聚焦于剖析高层管理者关系对企业新产品开发能力的影响效应。

　　已有研究发现，高层管理者关系扩展了企业资源的边界，增强了企业之间的合作与交流，能够帮助企业获得资源、利用资源，促进开放式创新。本书在此基础上，围绕高层管理者关系如何影响新产品开发能力这一核心问题展开研究，力图打开上述关系作用机制的"黑箱"，深入剖析高层管理者关系对新产品开发能力的重要影响。具体而言，本书将逐层深入地剖析三个研究问题：①高层管理者关系与企业新产品开发能力有何关系？②高层管理者关系与企业新产品开发能力之间的作用机制如何？③环境不确定性、企业规模对此作用机制是否有影响？

　　为了阐释上述问题，本书主要围绕三个部分展开研究。

　　第一，文献梳理与相关理论回顾。对与研究问题相关的文献进行梳理，明确高层管理者关系、新产品开发能力、创业导向和环境不确定性等关键变量的概念以及要素构成；对企业能力理论、社会资本和认知基础观等相关理论进行回顾，为构建本书的分析框架提供相应的理论支撑。

第二，探索性案例分析与初始概念模型的构建。在对已有研究成果进行分析的基础上，对不同行业的6家企业进行探索性案例研究。通过理论预设、案例选择、数据收集与分析，本书初步探索高层管理者关系如何影响企业的新产品开发能力，发现高层管理者的商业关系和政治关系通过机会获取，影响企业创业导向的选择，进而提升企业的新产品开发能力，这形成了本书研究的初始概念模型，并为后续研究提供了基于实践的理论构想。

第三，高层管理者关系对新产品开发能力的作用机制检验。基于探索性案例的研究命题，结合对现有理论文献的深入研讨，引入环境不确定性和企业规模作为作用机制的情境变量，进一步构建高层管理者关系对企业新产品开发能力的影响机制概念模型，并提出高层管理者关系对企业新产品开发能力的作用机制与对应的细化假设。随后，基于210家企业的问卷调研数据，运用因子分析、结构方程模型、多元回归分析等方法对所提出的概念模型进行实证检验，以证实理论模型，得出相关研究结论。

通过上述的定性和定量研究工作，本书得出研究结论。

第一，高层管理者关系对企业新产品开发能力有积极的影响作用。高层管理者的商业关系和政治关系都有助于企业的新产品开发能力的提升。

第二，高层管理者关系对新产品开发能力的影响作用是通过机会获取和创业导向的传递而实现。具体而言，高层管理者的商业关系对新产品开发能力有直接和间接两种作用路径。高层管理者政治关系对新产品开发能力的影响仅通过间接作用路径实现。高层管理者的商业关系和政治关系通过影响机会获取和创业导向来促进企业新产品开发能力的提升。而相对于高层管理者的政治关系，高层管理者的商业关系对新产品开发能力有直接促进作用。

第三，环境不确定性和企业规模在高层管理者关系与企业创业导向作用机制中发挥调节作用。环境不确定性发挥有中介的调节作用。环境不确定性会削弱高层管理者关系对机会获取的正向影响效应，进而降低企业创业导向的选择，即企业所处的环境不确定性越强，高层管理者的商业关系和政治关系对企业机会获取的促进作用越小，进而企业越不愿实施创业导向。而企业规模有中介的调节效应的论点并不成立，企业规模仅仅发挥调节效应，即企业规模越大，高层管理者的商业关系对机会获取的影响作用越大。

目 录

第一章 绪 论 1
　第一节 研究背景 1
　第二节 研究问题 4
　第三节 研究思路 6
　第四节 研究创新点 9

第二章 文献综述 11
　第一节 管理者关系影响效应研究 11
　第二节 新产品开发能力成因研究 18
　第三节 创业导向成因及效应研究 24
　第四节 环境不确定性对组织的影响研究 34
　第五节 研究述评 38

第三章 理论基础 41
　第一节 中国情境分析 41
　第二节 企业能力理论 45
　第三节 社会资本理论 52
　第四节 认知基础观 54

第四章 高层管理者关系影响新产品开发能力的案例研究 59
　第一节 案例研究方法概述 59
　第二节 研究设计 63
　第三节 案例企业简介 70
　第四节 案例数据分析 73
　第五节 案例发现 92

第六节　本章小结 …………………………………………… 96

第五章　高层管理者关系与新产品开发能力的模型构建 ………… 98
　　第一节　变量界定 …………………………………………… 98
　　第二节　研究假设 …………………………………………… 101
　　第三节　本章小结 …………………………………………… 114

第六章　高层管理者关系与新产品开发能力的实证研究 ………… 116
　　第一节　研究设计 …………………………………………… 116
　　第二节　实证分析 …………………………………………… 128
　　第三节　本章小结 …………………………………………… 158

第七章　结论和展望 ………………………………………………… 160
　　第一节　研究结论 …………………………………………… 160
　　第二节　研究贡献 …………………………………………… 164
　　第三节　研究不足与未来展望 ……………………………… 169

附　录 ………………………………………………………………… 172

参考文献 ……………………………………………………………… 178

后　记 ………………………………………………………………… 205

第一章 绪 论

本章为研究概述,主要由四部分内容组成:第一节介绍本研究选题的现实背景和理论背景;第二节提出本书的研究问题;第三节围绕上述研究问题,阐释本书的研究思路,介绍本研究的技术路线、章节安排和研究方法;第四节概述本研究的创新点。

第一节 研究背景

一、现实背景

(一)外部环境的变化使企业发展的不确定性增加

随着经济全球化和科学技术的不断进步,企业外部环境变得更加复杂。一方面,全球经济在受到金融危机重创后依旧呈现出疲弱复苏的状态,国际金融市场的动荡增加了全球贸易的不确定性,在各国纷纷"反全球化"的潮流中,中国在"入世"多年后依旧呈现出开放的态势。"一带一路建设""供给侧结构性改革"推动了中国乃至全球经济的复苏和发展。对外开放的扩大和对内改革的深化,使得中国的宏观环境充满了未知和挑战。另一方面,科学技术的日新月异,"互联网+"对生活模式的不断颠覆,中国新锐中产阶级的崛起,使得产品的生命周期越来越短,消费者偏好越来越复杂。科学技术的不断进步,消费需求的日益多元化,使得中国的市场环境充满不确定性。中国企业不仅要应对动态的国际环境,还要适应不断调整的国内环境,在复杂多变的市场中寻求发展。企业如何在动态、转型、深化改革等大环境中克服制度不完善、市场脆弱的障碍,寻求持续发展,是企业界、学术界和政府部门共同关注的问题。

(二) 创新是企业应对激烈竞争的有效路径

创新发展是国际竞争的大势所趋。习近平总书记指出:"世界经济长远发展的动力源自创新。""要进一步突出企业的技术创新主体地位。"党的十八大提出要实施创新驱动发展战略,强调科技创新是提高社会生产力和综合国力的战略支撑。从宏观层面来看,企业创新是推动社会经济发展的关键所在;从微观层面看,企业的竞争优势源于企业创新能力。企业的新产品开发能力能够帮助企业适应经济发展的需要,是企业创新能力的具体体现。快速响应市场需求,掌握消费者需求变化的企业将赢得竞争先机,同类企业之间的竞争已经演变为新产品的竞争,拥有较强的新产品开发能力的企业能够第一时间开发出满足市场需求且具有竞争优势的产品,在满足市场需求的同时扩大市场份额。

(三) 高层管理者关系是企业应对外部环境不确定性的可靠选择

世界经济增长低迷的态势增加了企业经营环境的不确定性。企业为了获得持续的竞争优势,需要跨边界整合企业创新和发展所需的知识、人才、技术等资源。新兴经济体特征和中国传统文化特征共同决定了中国独特的经营环境。关系文化是中国文化传统的重要组成部分,是人们社会生活的重要构成部分,深入渗透于中国的政治、经济活动中。高层管理者作为企业经营行为的重要决策者,其拥有的关系网络能够帮助企业应对环境的不确定性,以及能有效整合企业在发展创新中所需的各种社会资源,从而使企业构建可持续的竞争优势。

二、理论背景

(一) 动态能力是企业获得可持续竞争优势的关键所在

企业可持续竞争优势是战略管理研究的一个重要内容。学者们从不同的视角对企业可持续竞争优势进行了研究和探索,并形成了不同的理论流派和研究范式。以梅森-贝恩范式(S-C-P范式)、波特的竞争优势理论为代表的产业结构学派是竞争优势外生论的支持者，他们认为企业的竞争优势是外生的，源于企业所在的行业以及企业在行业中的位置。以 Barney 为代表的资源基础观支持者，以 Parahalad、Hamel 和 Teece 为代表的能力基础观支持者，以 Grant 和 Soender 为代表的知识基础观支持者，以 North 和 Oliver 等为代表的行为制度观支持者等是竞争优势内生论的拥护者。他们认为，与企业外部条件相比，企业内部条件对企业竞争优势的形成起到更大的作用。外生论忽略了各个企业拥有资源和能力的差异性在竞争优势形成中的作用，资源基础观弥补了注重产业结构和竞争力量分析范式的不足，然而，资源基础观因为着重研究某一时间点上的资源识别，所以被视为一种静态的分析（Teece et al., 1997; Priem and Butler, 2001）。动态能力理论的出现为企业可持续竞争优势的研究提供了全面的视角。动态能力不仅仅强调企业内部能力的重要性，也考虑到企业所处的外部环境的重要性，并指出企业内部能力应该随着不断变化的外部环境做出调整，从而适应外部环境的不断变化，获得可持续竞争优势。动态能力研究是战略管理研究领域里有影响力的研究视角（Schilke, 2014）。然而，现有研究更多地从优势企业中分析动态能力的来源，使得动态能力与其效应很难区分开（Helfat and Peteraf, 2009）。为了更好地剖析动态能力的形成与影响，一些学者从组织惯性的视角来定义动态能力（Eisenhardt and Martin, 2000），这为更好地剖析动态能力的形成和影响效应提供了基础。另外，动态能力是一个模糊的、一般性的概念，学术界对动态能力的内涵以及维度的研究并未形成一致的认识，这使得动态能力相关研究与实践应用存在距离。学者们认为，要推动动态能力领域研究的发展，需要从能体现动态能力的具体能力展开相关的实证研究（Schilke, 2014；翟森竞等, 2016），因此，学者们尝试从较为具体的动态能力中探寻更为普适化的结论。联盟管理能力、新产品开发能力等是在研究中最常出现的动态能力（Eisenhardt and Martin, 2000; Schilke, 2014），相对于泛化的动态能力研究，这种聚焦于某种表现形式的动态能力更有利于剖析企业动态能力的形成过程（Schilke, 2014; Helfat and Peteraf, 2009）。

（二）高层管理者关系对企业经营的影响依旧是热点问题

高层管理者关系对企业绩效的影响一直是战略管理研究领域的热点问题（Sheng et al., 2011；郭海等, 2013），大量研究聚焦于此，但是始终未达成共识，高层管理者关系对企业绩效的影响效应仍然不清晰。Gu 等（2008）认为，高层管理者关系是否能实现企业的竞争优势存在着一个重要的战略谜团，即高层管理者关系对组织层面能力的影响。高层管理者关系通过促进企业构建有利于其竞争的企业能力才能使企业获得优于其他企业的绩效。关系文化是人们对社会关系的内涵、合法性的价值认同和行为倾向（边燕杰、张磊，2013）。在中国，关系被赋予特定的含义，即关系是存在于有用性基础之上的，存在于关系中的互利性利益交换是关系主体双方选择构建与维护关系的重要原因之一。关系是能够确保社会交易顺利进行的个体之间的非正式连结（Tsang，1998）。现有研究发现，微观层面的管理者的社会特性与群体层面的企业行为的变量之间存在着潜在的联系（Acquaah，2007；Peng and Luo，2000）。这种存在着的宏-微观联系将高层管理者作为社会属性的关系与他所在的企业联系起来，进而将高层管理者个人层面的关系服务于其所在的企业（Park and Luo，2001；姜翰等，2009）。已有战略管理领域的关系研究文献从不同视角解析了管理者关系在中国企业经营管理中的重要作用（Luo and Chen，1997；Park and Luo，2001；Xin and Pearce，1996），也证实了管理者关系在我国企业经营中的普遍性（Luo，2007）。这些研究为后续探讨高层管理者关系对企业的影响效应提供了基础和方向。

第二节　研究问题

基于以上现实背景和理论背景，中国企业既要应对制度转型，又要适应快速发展的节奏，复杂动态的市场环境促使企业将传统创新模式转变为开放式创新模式（Naqshbandi，2016）。企业为了生存和发展需要进行新产品开发，新产品开发能力是企业可持续发展的关键所在。但对于大多数企业而言，依靠自身的力量提高新产品的开发速度和商业化进程是有一定困难的。现有研究已发现，高层管理者关系扩展了企业资源的边界，增强了企业间的合作与交流，能够帮助企业获得和利用资源，高层管理者关系能够促进开放式创新（Naqshbandi，2016），而高层管理者关系与企业新产品开发能力之间的作用机理却依旧未得到充分解释。因此，本书试图回答高层管理者关系在何种情况下采取什么样的方式对企业新产品开发能力发挥作用这一问题。

具体而言，本书将试图逐层深入剖析三个研究问题。

（1）高层管理者关系与企业新产品开发能力有何关系？在当前研究中，学者们普遍认为高层管理者关系对绩效有重要影响，然而，有研究认为此影响是正向的，也有研究认为此影响是负向的或是倒 U 型的，研究结果并不一致。之所以会存在这种不一致的结果，其中一个可能的原因是缺乏深入剖析高层管理者对企业绩效的作用机制。同时，现有对高层管理者关系的研究多是聚焦于初创企业，而对于成熟企业高层管理者关系影响效应的研究较少。企业新产品开发能力作为企业产品创新过程中形成的可辨识的、具体的组织惯例，在形成过程中具有时间沉淀性和路径依赖性。为了更有针对性地剖析高层管理者关系与企业新产品开发能力之间的作用机理，本书聚焦于成熟企业，结合规范研究与实证研究对此问题做进一步分析验证。

（2）高层管理者关系与企业新产品开发能力间的作用机制是怎样的？明晰高层管理者关系对新产品开发能力的影响路径，更有利于促进其效用发挥。现阶段对于高层管理者关系对新产品开发能力作用机制的研究并不多，并未提出明确的分析框架以及模型。本书在现有文献研究的基础上进一步深入探析，构建高层管理者关系对企业新产品开发能力影响机制的概念模型。

（3）环境不确定性、企业规模对此作用机制是否有影响？企业所处的外部环境与企业自身的资源状况会影响企业与外部组织之间的交互作用。宏观环境的变化使得企业面对的外部环境充满了不确定性。企业规模是企业自身拥有资源的直接反映。在不同的环境下，不同规模的企业高层管理者从自有的社会关系中获得的信息和资源对企业的影响可能有所差异。因此，本书聚焦于环境不确定性和企业规模，进一步深入剖析在不同环境下、不同规模企业的高层管理者关系与新产品开发能力之间的影响效应。

第三节 研究思路

一、技术路线

本书从现实背景和理论背景出发,明确了本研究的核心问题,即高层管理者关系与企业新产品开发能力有何关系?围绕这一核心问题,通过进一步实地调研和文献梳理,构建高层管理者关系影响企业新产品开发能力的作用机制的理论构架,然后对理论构架以及相应的研究假设进行实证检验,最后得出本书的研究结论。图1-1展现了本研究的技术路线。

二、章节安排

依据上述技术路线的逻辑,本书的内容主要分为七个章节,章节安排和主要内容如下。

第一章,绪论。基于研究背景和对已有研究的回顾,提出本研究待解决的问题,并针对研究问题简要设计研究思路与研究内容,最后简要论述可能的创新点。

第二章,文献综述。文献综述部分是整个研究的理论基石。本章围绕管理者关系、新产品开发能力、创业导向和环境不确定性等核心变量展开,通过梳理和分析现有研究的研究脉络,为后续研究奠定基础。

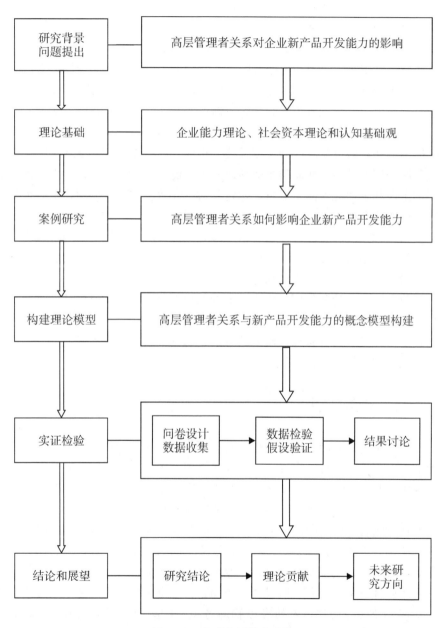

图 1-1 本研究的技术路线

第三章，理论基础。本章对企业能力理论、社会资本理论和认知基础观等相关理论进行梳理与回顾，为后续研究框架提供理论支持。

第四章，高层管理者关系影响新产品开发能力的案例研究。在文献综述和理论基础之上，对6家企业的高层管理者关系与新产品开发能力之间的关系进行探索性案例研究，通过理论预设、案例选择、数据收集和分析，推导出高层管理者关系影响企业新产品开发能力的初始假设命题。

第五章，高层管理者关系与新产品开发能力的模型构建。基于案例研究提出的初始假设命题展开文献综述，构建了高层管理者关系通过影响机会获取和创业导向进而影响企业新产品开发能力的概念模型，并引入环境不确定性和企业规模两个变量，探讨其对中介效应的调节作用，最后得到细化后的概念模型。

第六章，高层管理者关系与新产品开发能力的实证研究。通过大样本问卷调查，运用多元回归、结构方程等定量研究方法，对提出的假设进行逐一验证，并对统计分析结果进行进一步的讨论分析。

第七章，结论和展望。作为本书的结论部分，本章对研究结论进行了总结，阐述了本研究的理论贡献与实践意义，同时指出了研究的不足之处以及有待改进与进一步深入研究的方向，为其他研究者在本研究基础上进行深入研究提供参考性建议。

三、研究方法

本书基于企业能力理论、社会资本理论和认知基础观等理论，运用逻辑推演的方法，从理论出发，探求高层管理者关系对企业新产品开发能力的作用机制。在推演过程中，付以严谨逻辑和相近的理论阐释，对研究的合理性和科学性予以把握。结合企业的客观实际，运用理论分析，以理论和实践相结合、定性与定量分析相结合为基本研究原则，构建出本研究的理论架构。根据理论分析对核心变量及变量间的关系假设进行概念化，并在此基础上设计实证研究，收集企业数据，运用数理统计分析方法，从定量视角验证所提出的研究假设。具体而言，本书主要使用五种研究方法。

（1）文献查阅法。本研究以管理者关系、新产品开发能力、创业导向、环境不确定性等核心构念为基础，利用图书馆和相关数据库资源，查阅国内外经典的、权威的、最新的文献，对比、分析、归纳和整合与本研究相关的各个时期、各个情境下的学术研究成果，认真研读有重要参考价值的文献，以确保理论模型构建过程中的科学性。

（2）专家调研法。对理论的深入解读和与实际接轨需要相关领域的专家进行指导。本研究为了确保选题的合理性、理论的严谨性和研究过程的科学性，在理论模型构建的过程中，积极与相关领域的学者和专家进行沟通，保证本研究的理论基础的扎实性及合理性。

（3）案例研究法。在文献分析的基础上，提出理论预设，有针对性地进行案例选择，通过多种方式收集数据，进行案例内与案例间的数据分析，得出初步研究结果，并提出初始的概念模型。

（4）问卷调查法。本研究的实证研究是采用基于问卷调查法收集的企业样本数据来进行验证的。本研究变量的测量量表都借鉴了国内外权威期刊的成熟量表，且在翻译过程中通过咨询相关领域的专家，确保其更符合研究情境。本研究的数据主要是来自企业的战略层面，通过问卷调研的方式，从企业高层管理者处获得数据资料，为后续的实证研究做好准备。

（5）实证分析法。本研究利用恰当的实证分析方法对理论模型进行验证。在利用数据样本验证理论模型之前，先对样本数据进行描述性统计分析，观测样本的均值、标准差、偏度和峰度等情况，并检查样本的同源偏差。对量表进行信效度检验，分析变量间的相关系数和显著性。利用回归分析、结构方程模型及 Bootstrap 等方法，检验了不同的理论假设。

第四节　研究创新点

本书围绕高层管理者关系如何影响企业新产品开发能力这一核心问题，基于前人的研究成果，综合运用多种分析方法，结合实地调研的现实情况，通过严谨的理论分析和推导，形成了本研究的理论构架，并进行实证检验，验证理论观点的正确性，并对研究结果进行进一步分析与完善。本研究预期的创新点主要体现在三个方面。

第一，丰富了动态能力的形成机制研究。本研究以新产品开发能力这种具体化的动态能力为研究对象，揭示了高层管理者关系对企业新产品开发能力影响的本质过程。基于理论研究、案例研究和大样本统计研究，深入剖析高层管理者关系对新产品开发能力的作用机制。综合社会资本、企业能力和认知基础观，打开了高层管理者关系对企业新产品开发能力作用机制的黑箱，发现战略选择在高层管理者关系与新产品开发能力间的作用机制，建立了高层管理者关系—机会获取—创业导向—新产品开发能力的理论框架，将高层管理者关系对企业的影响效应扩展到了新产品开发能力上，构建了高层管理者关系与新产品开发能力这种动态能力之间的联系。

第二，聚焦关系主体高层管理者对企业战略决策行为的影响，以认知基础观为研究视角，剖析了"机会获取—创业导向"在高层管理者关系与新产品开发能力间的多重链式中介效应。此研究视角扩充了现有创业导向前因的研究范畴。本研究结合探索性案例研究，指出机会获取对创业导向形成的促进作用。通过大样本统计研究，证实了机会获取在高层管理者关系与创业导向间的中介作用。该结论支持了基于价值获取机理的创业导向形成模式，扩充了创业导向研究视角。

第三，进一步深入探析了环境不确定性和在企业的不同规模下高层管理者关系对创业导向的影响机制，扩展了创业导向形成机制的研究情境。环境不确定性会影响高层管理者的价值判断。本研究把环境不确定性这一外部因素纳入了高层管理者关系作用机制的研究框架，深入剖析环境不确定性与高层管理者关系的交互项通过作用与机会获取而影响企业创业导向形成的有中介的调节效应作用机制。企业规模会影响高层管理者与外界信息和资源交换的质量和效率，继而引入企业规模这一企业自身特征，证实了企业规模对高层管理者关系与机会获取的影响效应。

第二章 文献综述

第一章绪论部分提出了本书的研究主题"高层管理者关系如何影响企业新产品开发能力"。本章围绕这个研究问题所涉及的核心概念、相关研究及相应的研究视角,对现有文献进行总结归纳;综述了高层管理者关系的影响效应,新产品开发能力的成因、创业导向的成因和影响效应以及环境不确定性对组织决策的影响的相关研究,为后续研究提供理论支持。

第一节 管理者关系影响效应研究

一、管理者关系内涵界定

(一)管理者关系的内涵

关系的基本内涵被理解为"潜在地包含着持续性互惠交换的人际连带"(姜翰等,2009)。管理者关系意味着"非正式的联系网络和互相帮助",更确切地说是管理者的跨边界行为(boundary-spanning activities)与外部团体的交互行为(interactions)(Geletkanycz and Hambrick,1997)。管理者关系是一个普遍现象,是高层管理者会花时间和努力去维护的关系网络。在中国,管理者关系是社会经济的有效补充。Peng 和 Luo(2000)提出,中国管理者需要培养两类社会关系:一类是与其他企业的管理者、供应商、客户和竞争者等建立的商业关系;另一类是与政府官员建立的政治关系,这类关系在转型经济下尤为重要。

从现有研究来看,学者们基于不同理论视角对管理者关系对企业的影响进行研究。单一理论视角包括资源基础观(Li and Zhou,2010),将管理者关系看成一种组织独特的资源,能够帮助企业获取其他资源;社会资本理论(Wang and Chung, 2013)和社会网络理论(Wang et al., 2014)将管理者关系视为社会资本的重要载体;资源依赖理论(郭海,2010)认为管理者关系能为企业生存和发展提供所需的资源。随着研究情境的多元化,学者们逐渐从多理论视角进行分析,基于两种理论交互的视角,资源依赖理论和制度理论结合(Guo et al., 2014)、资源基础观和制度理论结合(Fan et al., 2013)、组织学习理论和社会资本理论结合(Zhao et al., 2016)、关系治理和制度理论结合(Sheng et al., 2011)、社会资本理论和资源依赖理论结合(王永健、谢卫红,2015)以及三种理论整合的视角,例如,Chung等(2016)从组织能力、组织网络和社会资本理论整合的视角研究了管理者关系对组织行为的影响。

(二) 管理者关系的类别和测量

学者基于不同的视角将管理者关系分为不同的类别。Peng 和 Luo(2000)认为,在中国,管理者需要培养与供应商、客户等其他商业组织管理者之间的商业关系,以及与政府官员建立的政治关系。Lee 等(2001)将管理者社会关系划分为合作关系和赞助关系。合作关系强调的是合作双方的平等合作关系,注重保持长期的合作;而赞助关系是为了获取商业回报而进行赞助支持的单边关系。Acquaah(2007)将管理者关系划分为商业关系、政治关系以及社团关系三类。Zhang 和 Li(2008)将管理者关系分为商业关系和与政府、商业协会等组织之间建立的支持关系。Gu 等(2008)与其他学者的测量方法视角不同,从关系的作用机理出发,基于信任、信息和控制三个方面测量关系。

Peng 和 Luo(2000)提出的管理者关系的测量方法是目前研究中应用最多的测量方法。Peng 和 Luo(2000)的测量方法主要是通过询问管理者一般性的问题来获取他们与其他组织管理者之间的关系数据。企业管理者将其个人的社会关系看成是商业秘密,因此不愿意透露其真实的社会关系(Yeung and Tung, 1996),只能通过管理者对一般性问题的回答来推演衡量管理者关系。

二、管理者关系对组织的影响效应

中国社会是关系型社会，中国关系的实质是基于人情交换。人情包含着非常丰富的内容，是一种实质性的帮助（边燕杰、张磊，2013）。在关系文化中，人与人之间有提供人情帮助的义务，同时，相互期待获得人情回报。这种人情帮助包括了传递信息和资源帮助。"近水楼台先得月"充分体现了关系的重要性。中国社会转型时期的大背景使得"关系"的重要性尤为凸显。环境不确定、资源受限、信息模糊等环境特征使得机会与挑战并存。转型经济国家因为法律、法规的正式制度约束比较脆弱，支持市场机制运行的制度并不完善或执行有困难，此时，企业的人际关系等非正式制度则成为商业交易的有力补充（Xin and Pearce，1996）。转型经济国家在整个转型过程中，企业和政府都保持紧密的关系。企业的高层管理者是企业与外界联系的桥梁，作为跨边界者，管理者通过与关系到企业生存与发展的外部机构建立联系，通过不断地培养和利用私人社会关系，帮助企业构建和保持竞争优势（Tsang，1998；Li and Zhou，2010）。

高层管理者的商业关系和政治关系代表着管理者在市场环境和政策背景下拥有的可靠的有形和无形资源，嵌入高层管理者关系中的社会资本代表着企业竞争优势形成的重要资源（Peng and Luo，2000；Tsang，1998）。基于资源基础观，管理者关系是企业获得竞争优势的重要资源。管理者的商业关系可以减少交易过程中的多余环节，与供应商的良好关系能使企业获得及时的原材料供应、优惠便利的付款方式；与客户的良好关系能够建立顾客的忠诚感，获得灵活的付款方式；与商业伙伴的良好关系能够获得合作企业间的技术支持，能够获得竞争伙伴间的理解和配合。这些关系能够增加企业间的信任，提升合作的可能性，减少机会主义行为。管理者的政治关系可以帮助企业获得资金、技术方面的支持，给企业提供税收减免、生产资格授予等方面的好处，使得企业获得相应的权力庇护，减少一些制度干涉带来的伤害。与政府的良好关系也可以使企业获得更多的稀缺资源，如土地、资本的支持和关于工业计划或者相关的政策与制度的最新的消息（王永健、蓝海林，2015）。

管理者关系被视为正式制度的有力补充。早期的学者从组织特征出发，探求了企业所有权对管理者关系的影响（Xin and Pearce，1996），企业规模对管理者关系的影响（Park and Luo，2001）。从文化视角出发，研究者对比了本土企业和外资企业管理者关系的不同影响。Li 等（2008）的研究发现，管理者关系对本土企业的绩效有积极影响，而对外资企业的绩效的影响呈现倒 U 型。后续研究关注的重点集中在管理者关系对企业绩效的改变。大量研究都认为，管理者关系能够促进企业绩效的提升。学者们提出的管理者关系对企业不同类型的绩效的影响，包括企业财务绩效（郭海等，2013）、企业创新绩效（邹国庆、倪昌红，2010；陈涛、盛宇华，2012）。有的研究将管理者关系视为一个整体来分析对企业的影响（陈涛、盛宇华，2012）。因为各种研究都将管理者关系视为多维度变量（李瑶等，2013），所以有的学者剖析了管理者的不同类型关系模式的影响。然而，纵观这些研究，会发现结果呈现两类：一类研究认为管理者关系对企业绩效有正向的影响（Sheng and Zhou，2011；郭海等，2013）；而另一类研究却认为政治关系与商业关系对企业绩效的影响是不同的（Li et al.，2009），发现政治关系带来的不仅是机会，还会增加企业的束缚（Okhmatovskiy，2010），深度的政治嵌入性可能会降低企业的长期绩效（Li et al.，2009；Sun et al.，2010）。Li 等（2009）研究发现，外资企业的政治关系利用程度会降低企业的利润。Zhou 等（2014）发现在新兴经济体背景下，市场发展程度越高，政治关系对企业绩效的正向影响会越小，而商业关系的影响却不会发生变化。

（一）高层管理者关系与企业绩效

对于高层管理者关系对企业绩效的直接影响，主要是分析、对比不同类型的关系对不同种类绩效的影响。Li 和 Zhang（2007）基于初创企业的研究发现，管理者的政治关系与企业绩效呈正相关。Wu（2011）对比分析了商业关系与政治关系在产品创新中的不对称影响，发现商业关系对产品创新的影响是线性的，而政治关系对产品创新的影响是倒 U 型的。王永健和谢卫红（2015）研究发现，商业关系对企业的创新绩效和财务绩效均有正向影响，政治关系仅仅对财务绩效有正向影响。研究较为集中的领域是管理者关系对绩效影响的具体情境和作用机理。

现有管理者关系对企业绩效的作用机理的研究主要是从制度、资源、知识、机会及关系带来的信任的角度来分析。管理者关系能为企业带来制度优势。Wu（2008）认为，企业的外部网络会促进信息共享，从而提高企业的竞争力。Gu 等（2008）研究发现，管理者关系能提升企业的渠道能力和反应能力，从而进一步提升企业绩效。Li 和 Zhou（2010）对中国的外资企业的研究发现，管理者关系和市场导向都会对企业绩效有促进作用，但促进路径不同，市场导向通过差异化和成本优势促进企业绩效，而管理者关系通过实现制度优势进而促进差异化和成本优势来促进企业绩效。Guo 等（2014）通过研究发现，制度支持和制度创业机会认知在高层管理者政治关系与企业绩效间的中介作用，高层管理者的政治关系会增强企业制度的合法性，但合法性却不会提升企业绩效。研究最集中的是知识作用路径。邹国庆和倪昌红（2010）通过研究发现，高层管理者的政治关系和商业关系均会对企业绩效产生影响，商业关系通过组织学习对企业创新绩效有正向影响，而政治关系会降低组织学习且通过中介作用抑制企业创新。李京勋等（2012）通过研究发现，海外子公司的管理者的社会关系对本地商业知识和制度知识的获取有影响。Kotabe 等（2011）发现，管理者关系能促进企业知识获取，而知识获取只有在吸收能力的作用之下才能转化为企业的新产品绩效。Shu 等（2012）通过研究发现，管理者关系对组织产品创新和过程创新的影响是间接的，商业关系影响知识交换和整合，而政治关系仅仅影响知识交换，知识交换和整合影响产品创新，而过程创新只受知识整合的影响。陈涛和盛宇华（2012）探讨了知识吸收在管理者关系与新创企业创新绩效间的中介机理。Naqshbandi（2016）发现，吸收能力在高层管理者关系与开放式创新间发挥部分中介作用。关系带来的信任，也能改善企业的经营行为。Wang 等（2014）从供应链视角探求了管理者关系带来的信任的程度和范围对供应商信息分享的影响，从而降低供应商机会主义出现的可能性。郭海（2013）探究了中国情境下，资源组合和机会识别是管理者关系提升组织绩效的两种中介机制，管理者关系影响组织合法性，但是对组织绩效没有影响。

（二）高管关系对企业行为的强化

差序格局是关系存在的基础，亲疏有别使得关系对企业的影响作用不同。现有研究还将管理者关系作为情境变量，探析了管理者关系对企业经营行为的影响。Wang 和 Chung（2013）探究了高层管理者关系在市场导向与企业创新之间的调节关系，同时也发现高层管理者关系在跨部门协调与创新之间发挥调解作用，但商业关系的调节作用较为显著。Liu 等

(2013)发现,管理者关系能正向调节机会解释与外部知识搜索广度的关系,但是会减弱机会解释与外部知识搜索深度的正向关系。同时,管理者关系会减弱威胁解释与外部知识搜索广度的负向关系,但是会增强威胁解释与外部搜索深度的负向关系。Zhao 等(2016)通过研究发现,政治关系会增强利用式学习和激进式创新的关系,而商业关系对探索式学习和利用式学习都有增强作用。Chung 等(2016)发现,商业关系正向调节管理能力对绩效的关系,负向调节技术能力对绩效的关系,而政治关系负向调节管理能力对绩效的影响。

(三) 管理者关系的作用边界研究

对于调节变量的思考,大多数研究基于宏观环境视角,考虑了社会文化、法治环境、竞争强度及环境不确定性等。Li 等(2008)发现,外资公司与本土公司有相似的管理者关系,本土公司管理者关系对绩效的影响是正向的,而外资公司管理者关系对绩效的影响是呈倒 U 型的。当竞争激烈时,管理者关系对绩效的影响效应会降低,而当结构不确定性增强时,管理者关系对绩效的影响会增强。郭海(2010)通过研究发现,环境不确定性会增强管理者关系对资源获取的影响,环境包容性会削弱管理者关系对资源获取的影响,而强管理者关系、高环境不确定性和低环境包容性能更好地实现企业外部资源获取。Sheng 等(2011)从制度环境和市场环境两个视角来分析商业关系和政治关系对企业绩效的不同影响效应。研究发现,商业关系比政治关系对企业绩效的影响更大,当法治力量不完善,技术变化快时,商业关系的影响更大;当政治支持较弱及技术不确定性较低时,政治关系作用更大。Fan 等(2013)通过元分析发现,高管关系与企业绩效之间有显著的正向联系,商业关系的作用要远远强于政治关系。从文化类型分析,管理者关系对绩效的影响效应在集体主义文化背景下比在个人主义文化背景下要大;从不同行业视角来看,制造业的管理者关系对绩效的影响要大于服务业;从企业规模来看,中小型企业的管理者关系对企业绩效的影响是强于非中小企业的影响的。Wang 等(2013)发现,环境不确定性对商业关系与资源获取的关系具有呈倒 U 型关系的调节作用,而对政治关系与资源获取间的关系具有削弱作用。王永健和谢卫红(2015)通过研究发现,竞争强度对政治关系与财务绩效关系有正向调节作用,但对商业关系与创新绩效和财务绩效的正向影响均有削弱作用；而法治环境能正向调节商业关系与创新绩效和财务绩效的关系，却负向调节政治关系与创新绩效和财务绩效的关系。而 Wang 等（2013）从企业内部视角切入，发现资源获取在高层管理者关系与企业绩效间具有部分调节作用。

三、文献述评

如上所述，现有研究集中在探讨管理者关系对企业绩效的影响效应。从对两者关系的直接影响效应研究的结果来看，学者们已经发现了管理者商业关系与政治关系对企业绩效的不同影响效应。但这并不是说随着市场化进程的不断推进，政治关系的影响效应在逐渐减弱。Shi 等（2014）强调市场制度的完善不会使政治关系快速"贬值"，因此，高层管理者的商业关系和政治关系依旧是当下理解关系这种资源对企业绩效的影响效应时应该关注的重点。

随着研究的深入，学者们开始剖析管理者关系改变企业经营现状的可能因素。从不同的理论视角出发，强调了管理者关系能增强企业合法性和制度优势，能为企业带来差异化资源和多样性知识，能分享市场和政策信息等。无论基于何种理论基础和视角，现有研究都突出了高层管理者关系这种独特的资源为企业带来的影响，而忽略了拥有关系的主体——高层管理者因为关系资源而采取的可能影响企业经营行为的决策。

从现有的管理者关系的影响效应研究来看，虽然有一些研究涉及了管理者关系对企业资源、企业能力的影响，但并未展开深入研究。动态能力研究是现有企业竞争优势研究中有影响力的研究视角（Schilke，2014）。而管理者关系是否会影响企业的动态能力依旧未得到解释。

从现有管理者关系研究的对象来看，现有研究分析了管理者关系在外资企业本土化过程中的影响作用，解释了管理者关系在新创企业成立发展过程中的资源整合效应，论证了管理者关系是民营企业获得合法性的有效途径，而对于已经进入发展阶段的成熟企业来说，管理者关系会发挥何种作用，是需要探讨的问题。

第二节 新产品开发能力成因研究

一、新产品开发能力内涵界定

(一) 动态能力内涵

Nelson 和 Winter (1982) 认为,组织惯例是组织有序的、可预期的企业行为模式。组织对内外部刺激的反应受到惯例的影响。组织惯例演变的一个重要机制即企业的动态能力。Zollo 和 Winter (2002) 区分了两种不同的惯例活动:一种是运作惯例,即为了保证当前收益而对已知的组织过程的执行;另一种是寻求现有的运作惯例的改变,为提升未来的收益做准备,这就是组织的动态能力。Teece 等主张企业拥有一系列能力,包括对结构和惯例的管理能力,知识、技能创建企业竞争优势的能力。动态能力是企业所拥有的能力,是能够整合、构建和重构组织内外部的能力 (Teece et al., 1997)。随着时间的推移,企业通过简化、整合资源,重构现有能力来学习和获取新的能力,恢复竞争力,生成实现价值和竞争优势的新惯例。动态能力是改善企业资源基础的过程 (Ambrosini and Bowman, 2009),将企业的资源转变为具体的输出。环境变化引起先前的能力被淘汰,或者新机会的出现,都需要新能力的构建 (Levinthal and March, 1993)。根据动态能力理论,一些企业相对于其他的企业能够通过增加、重构和删减资源或者能力来改变他们的资源基础 (Teece et al., 1997; Eisenhardt and Martin, 2000),增加新的能力对于企业在动态环境中保持优越性是非常重要的 (Dierickx and Cool, 1989)。

动态能力的研究视角基于企业资源基础观 (Ambrosini and Bowman, 2009)。企业所拥有的、控制的,或者可获得的有形或无形的资源,可为企业带来租金。能力是能使企业完成具体任务的资源配置,是高水平的组织惯例或者其集合。能力输出的是特定的产品,而动态能力则能产出新能力 (Winter, 2000)。Danneels (2008) 在 Collis (1994) 的高阶能力的概念基础上,提出了二阶能力的概念,认为二阶能力是构建一阶能力的能力。一阶能力是指执行具体任务的技能，而二阶能力是指学习新任务的技能。相对于一阶能力，二阶能力位于更高的层次，它们不是针对特定领域的知识和技能，而是学习新领域相关知识和技能的能力。基于组织学习理论视角，新资源的积累形成新的组织能力是组织学习的一种形式，即探索式创新。利用式学习是利用已有的一阶能力，探索式学习是创造型的一阶能力。因为探索式学习能发展新的能力，由此可以得出结论，二阶能力是探索层面的能力，即二阶能力是组织的构建新能力的探索能力。动态能力是一种构建新能力的能力，被视为是二阶能力。明确动态能力的内涵更有利于理解新产品开发能力，新产品开发能力是企业的一种动态能力（Woschke and Haase，2016），是企业构建和探索新产品开发技术的能力。

（二）新产品开发能力的内涵

随着科学技术的迅速发展，新产品开发对企业获取利润和保持增长的意义已经得到了认可（秦剑，2014）。新产品开发是企业利用资源和能力创造新产品、改良旧产品的过程（Cooper，2003）。科特勒认为产品是市场上能满足某种欲望和需要的任何东西。关于新产品的定义，包含三类视角。第一类视角是基于企业层面，无论市场是否已经存在，企业所生产的不曾拥有过的都是新产品；第二类视角是基于市场层面，能够满足顾客新的需要或欲望的产品；第三类视角是基于产品层面，因产品的某个或多个维度发生变化而产生的新产品。本研究主要基于产品层面的新产品研究。

新产品开发是一个多层次、多要素并存的复杂活动，包括市场调研、研发、设计、制造、销售以及服务等一系列的活动。同时，新产品开发也是知识管理的过程（Eisenhardt and Martin，2000），是高度的知识创造的过程（范凌均等，2010）。新产品开发是一项伴随着高风险，需要大量资源消耗的活动。考虑到新产品开发结果的重要性及过程的复杂性，新产品开发被视为是一项极为重要的战略性活动（Sherman et al.，2005）。

Eisenhardt 和 Martin（2000）将产品开发定义为企业变更资源配置的能力。基于动态能力的视角，新产品开发能力被定义为企业有目的地重构组织产品组合的一种组织惯例（Danneels，2008；Schilke，2014）。新产品开发能力是可辨认的、具体的惯例（Eisenhardt and Martin，2000）。新产品开发能力作为一种动态能力，主要源于企业对新知识的获取、融合、创新和应用，企业的知识创新能力决定新产品开发能力（范凌均等，2010）。

基于创新视角的新产品开发能力被认为是学习过程的结果（Breznik and Hisrich，2014）。组织学习预示着企业转化和转移知识的能力，意味着外部或者内部的信息能被用来产生构思，最终实现构思商业化（Franco and Haase，2009）。在组织内部，组织学习是一个潜在构念，而新产品开发能力是能够影响组织学习的具体的指标。结合动态能力的二阶能力的视角，二阶能力是学习新领域相关知识和技能的能力，是探索层面的能力。新产品开发能力是企业在新产品开发领域方面所形成的探索新能力的能力，包括使企业开发新产品、新过程或行为的能力。

（三）新产品开发能力和创新能力概念辨析

Schumpeter（1912）在《经济发展理论》中首次提出"创新"，认为创新是新的生产函数的构建，包括新产品生产、新生产方式的采用、新市场的开拓、新供给来源的获得及新的组织形式。Maquis（1969）指出，创新是对于企业而言的，即针对企业来说是新的，而不是对于整个经济体来说。Crossan 和 Apaydin（2010）将创新定义为，在特定的社会经济背景下，企业生产或接受、消化吸收和应用有价值的、新颖性的知识，更新和扩充产品线、服务、工艺和制度的过程。创新的来源包括内生性技术和外部获取的技术；创新是知识创造和应用的过程；创新强调的是价值增值。Lawson 和 Samson（2001）将创新能力定义为持续地将知识和想法转变为能为企业和利益相关者带来收益的新产品、过程和系统的能力。Assink（2006）认为，创新能力是企业立足于市场需求，通过研发新技术并商业化进而弥补市场空白，抓住市场机会的能力。学者们基于能力、过程、结果等不同的视角，定义了企业的创新能力，但都在强调新颖性和意义性。新颖性是指产出（产品）具有新意；意义性是指产出（产品）对顾客来说是有意义的，也就是有价值的。新产品开发能力实际是企业快速响应市场需求并迎合市场需求变化节奏的能力。陈力田（2009）将企业的创新能力定义为企业搜索、识别及获得外部新知识，或基于现有知识的新组合，或发现知识的新应用，从而产生创造市场价值的内生性知识所需要的战略、技术及市场惯例。Sorensen 和 Stuart（2000）以及 Wu（2011）等认为，虽然在学术界对组织创新能力有多种定义，但学者们就创新能力的内涵却有一致的认识，即组织的创新能力是组织重构和有效整合组织惯例以及此惯例适应环境状态的联合产物。Woschke 和 Haase（2016）认为，新产品开发能力等同于创新能力。

从其本质上来说，新产品开发能力与创新能力都属于动态能力；基于形成视角，新产品开发能力和创新能力都会受到组织内外部知识整合与管理的影响，而且这种影响是基于改变组织惯例来实现对组织产出的影响；从产出来看，新产品开发能力与新产品开发能力的产出都是要创造市场价值。本研究认为，新产品开发能力是创新能力的一种体现形式，是创新能力以新产品为产出形式的具体的组织惯例的集成体现。

二、影响新产品开发能力的因素

对现有新产品开发能力的研究主要基于企业资源观、知识基础观及社会网络理论等，从组织外部视角，分析了外部社会资本、供应商以及战略联盟等对新产品开发能力的影响；从组织内部视角，分析了组织内部资本、部门间整合以及组织能力等对新产品开发能力的影响。

（一）外部网络视角

外部网络关系有利于信息和知识的获取和转化，因此，学者们研究了战略联盟、外部社会资本等对新产品开发的影响。沈灏和王龙伟（2011）发现，联盟企业间的知识共有能够促进成员企业的知识创造，而知识创造正向影响企业的新产品开发。潘宏亮（2013）发现，社会资本会影响企业的知识获取和新产品开发能力，知识获取在社会资本与新产品开发能力间发挥显著的调节作用。余颖等（2016）发现，与同行竞争者合作的数量和新产品开发呈倒 U 型关系，而与政府的正式关系会弱化上述倒 U 型关系，与政府的非正式关系则会加强上述倒 U 型关系。袁喜娜和薛佳丽（2016）通过研究发现，商业关系与社会关系对新产品开发均有正向积极影响，而不正当竞争会削弱社会关系对新产品开发绩效的正向影响，会增强制度关系对新产品开发绩效的正向影响。

新产品开发包括构念的产生和商业化的过程。为了更好地满足客户需求，需要整合整个供应链来实现有效的新产品开发。所以，现有研究聚焦于与供应商的关系来剖析其对新产品开发的影响。姚山季和王永贵（2012）从关系嵌入视角研究发现，关系嵌入会影响企业的新产品开发。林筠和李随成（2010）通过研究发现，关系资本对供应商参与新产品开发有直接积极影响，人力资本通过信任和承诺对供应商参与新产品开发有间接影响，而组织资本对供应商参与新产品开发有消极影响。

（二）内部资源视角

跨部门整合最早是为了研发的新产品符合市场需求，所以提出研发与营销两部门横向整合展开，跨部门团队合作有利于创新。Rodríguez等（2006）认为，在企业内部环境中影响新产品开发主要包含两方面因素：一是部门间整合，二是组织研发强度。李志远和赵树宽（2011）的研究发现，跨部门整合、研发强度对新产品开发成功有正向影响，跨部门整合会正向调节研发强度和新产品开发成功之间的关系。马文聪等（2013）从整合视角分析了内部研发营销整合和研发制造整合与外部研发客户整合、研发高校整合和研发供应商整合，分析了内外部整合对新产品开发效率的影响。秦剑（2014）研究了研发、制造、营销跨职能整合与新产品开发的关系，发现联合创新激励、高层管理者支持、产品开发正式化和产品开发动态性是跨职能整合的前因，跨职能整合对产品线协同和新产品开发绩效有积极影响。

围绕着企业内部资源和运营的视角，研究者们从可能影响新产品开发能力的组织情境、内部资本、利益相关者、战略适配性等角度对其影响因素进行分析。戴万亮（2012）发现，内部社会资本的认知维度对产品创新有正向影响，而结构维度和认知维度对知识螺旋有正向影响，知识螺旋对产品创新有显著影响，并在社会资本的不同维度与产品创新之间发挥中介作用。Martía等（2016）从利益相关者的视角出发，从产品下游利益相关者整合的角度来分析利益相关者对新产品开发过程的影响，通过文献分析发现，利益相关者辨识能力、利益相关者交互能力及利益相关者内部集成能力是在企业将市场利益相关者整合进企业新产品开发过程中表现出的主要的企业能力。

考虑到员工作为创新的主要力量，Hasu等（2014）强调在新产品开发过程中整合普通员工的重要性，认为员工能驱动企业创新。Mumford（2000）强调了实践和自治性对员工产生新想法的驱动作用。

有学者研究发现，组织能力会影响企业新产品开发，如技术能力（吴伟伟等，2010）等。也有学者尝试从战略导向的视角分析企业新产品开发的影响。何小洲和熊娟（2012）探究了市场导向对新产品开发的影响。Mu 等（2016）的研究发现，市场导向和创业导向均正向影响新产品开发，且企业的内外部网络能力能够加强这种正向影响。

促进新产品开发的一个重要因素是企业的知识资源，与组织外部资源的联系能够丰富组织知识的多样化，组织内部的联系能够促进知识的流动。现有研究发现，隐性知识的获取更能提升企业的新产品开发能力。Subramaniam 和 Venkatraman（2001）研究发现，海外隐性知识的转移和部署显著地影响企业海外新产品的开发能力。裴旭东等（2016）分析了资源识取对新产品开发绩效的影响，发现互补性资源和相似性地位均对新创企业新产品开发优势有正向影响。在此基础上，学者们进一步分析了促进知识多样化和流动性的因素对新产品开发的影响。Martins 和 Terblanche（2003）发现，柔性的、自由的及协作的企业文化有助于新产品开发。Guimarães 等（2016）以巴西家具行业为研究对象，分析了组织内部的知识管理通过知识管理文化、人力资源、联盟对产品创新的影响。Gumusluoglu 和 Acur（2016）从战略适配性的角度分析了新产品开发战略与企业经营战略（开拓者、分析者、防御者）的适配性，发现在任何形式的企业战略下，正式的新产品开发战略是新产品开发的主要影响因素。朱秀梅等（2011）从知识管理过程的视角分析了新产品开发的影响因素，研究发现，知识获取、知识整合对新产品开发绩效有显著影响。Phyra 和 Aron（2015）基于组织微观层面研究发现，组织研发主管在高创造性水平和重视细节的情境下更利于产品创新。

在研究新产品开发能力时，学者们也区分了不同类型的企业在培育新产品开发能力时的不同动因和机制。由于中小企业资源有限或者技术短缺，因而关于如何提升中小企业的新产品开发能力引起了学术界注意。从企业规模的视角，Woschke 和 Hasse（2016）主张通过管理创新提升新产品开发能力；Noke 和 Hughes（2010）则从价值链战略的视角分析了如何在中小企业中发现新产品开发能力。

三、文献述评

综上所述，现有研究已经从内部资源视角、外部网络视角分析了新产品开发能力的影响因素，尤其是从知识管理、社会资本及供应链的视角进行的研究较为丰富，充分证明了新产品开发即是知识创新的结果。但对于新产品开发能力的影响仍然存在值得进一步探讨的地方。

第一,现有研究更多的是聚焦于新产品研发这个活动本身的影响因素的研究,而未能深入探讨新产品开发能力作为一种具体的动态能力的影响因素。

第二,从微观层面剖析组织动态能力的形成是研究的趋势,高层管理者在企业动态能力形成的过程中发挥着重要的作用,因此,聚焦于高层管理者对企业动态能力的影响的研究是十分必要的。现有研究分析了 CEO 的经历和是否拥有博士学位对高科技公司新产品开发能力的影响(Deeds et al., 2000)。新产品开发能力受到组织资源和知识的影响,而高层管理者关系会影响企业的资源和知识获取,因此,本研究聚焦于高层管理者关系对企业新产品开发能力的影响机理,进一步丰富了高层管理者对动态能力的影响的研究。

第三,新产品开发能力受到外部资源获取与内部资源转化的影响,企业战略对这个过程有重要的影响,但是现有研究关注了企业成长战略、技术导向、市场导向等战略选择对新产品开发的影响(Mu et al., 2016),需要进一步丰富企业不同的战略选择对新产品开发能力这种具体的动态能力的影响。

第三节 创业导向成因及效应研究

一、创业导向内涵界定

(一)创业导向内涵及相近概念辨析

创业导向是企业的一种战略姿态,使得企业能够通过创业活动来创造价值(Lumpkin and Dess, 1996)。创业导向的研究是源于战略选择理论,这一理论强调的是企业通过市场分析,进行有目的的战略选择,实施新市场的进入行为。创业导向存在于企业创业行为过程中,影响着企业的创业决策和创业活动。

1. 创业导向的内涵演变

创业导向的概念随着时间的推移不断演化。创业导向的出现最早可追溯到 20 世纪 70 年代，Mintzberg 最先提出了创业模式（entrepreneurial model）的概念，认为创业模式是一种在不确定环境中积极寻求新机会，通过快速增长实现目标的战略管理倾向。Miles 和 Snow 提出了探索者（prospector）、防御者（defender）、分析者（analyzer）和反映者（reactor）四种战略模式，而探索者模式的企业就是不断地追求创新，其目标是不断推出新产品和服务。Miller（1983）提出了创业型企业的概念，将其定义为致力于产品市场创新和风险事业创建并通过超前行动来击败对手的企业，并认为可用创新性（innovativeness，新产品、新过程及新商业模型的引进）、超前性（proactiveness，积极地进入新产品或市场，寻求市场领导者的位置）、风险承担性（risk taking，战略决策者将资源投入收入不确定性项目的意愿）三个维度来描述创业型企业，并强调这三个维度必须正向共变，而且创业型公司必须同时具备这三个维度。Miller（1983）同时也将创业研究从个体层面扩展到了组织层面。尽管 Miller 在理论方面有重大贡献，但公司层面的创业研究真正兴起于 1989 年 Covin 和 Slevin 的九题项量表的提出，该量表的提出真正推动了创业导向研究的全面展开。最初，创业导向反映的是企业制定战略的一种风格，是一个反映从保守型企业到创业型企业的连续变量（朱秀梅等，2013a）。Covin 和 Slevin（1989）指出，保守型企业的管理特征是规避风险、不愿创新、行动滞后。保守型企业和创业型企业是创业水平较低和较高的两种截然不同的表现形式。Covin 和 Slevin（1991）认为，创新性、行动超前性和风险承担性也是反映创业姿态的三个维度。

Lumpkin 和 Dess（1996）首次明确提出了"创业导向"的概念，并在 Miller 的基础上增加了竞争积极性和自主性两个维度。竞争积极性（competitive aggressiveness），是指公司直接挑战行业对手，改善市场地位，并战胜竞争者；自主性（autonomy），主要反映为个人或团队独立自主追求机会的能力和愿望。他们强调这五个维度之间相互独立，不同维度组合而成的公司都是创业型公司。

创业导向分为微观、中观、宏观三个分析层面，即个人层面、企业层面和产业层面。产业层面的创业导向与产业的整体生态相联系。早期的创业导向研究主要集中在个人层面，即对创业者个人行为的研究。Stone 和

Good（2004）将创业导向定义为在新创企业建立的过程中关键人员的意图和行为表现，认为个体创业导向表现出创新性、超前性、风险承担性、自主性、自信性的特征。Stone 和 Good（2004）是从创业者个人层面来定义创业导向的。Elenurm（2012）完善了个人层面创业导向的概念，认为创业导向是个体寻找新商机，通过不同的流程、实践和决策制定活动来创新和运营新企业的倾向。随着创业研究的发展，研究的重心逐渐转移到创业过程本身，研究层面随即从个人层面提升到组织层面，这是源于创业的最终效能是表现为组织层面的现象（Covin and Slevin，1991）。

自 Miller（1983）将创业研究从个体层面扩展到了组织层面后，公司层面的创业研究也引起了学者们的关注。Burgelman（1983）认为，公司创业的本质就是创新，是企业借助新的资源，扩展公司的竞争领域，实现多元化发展。Zahra（1991）认为，公司创业是从战略的视角更新现有企业的过程，是公司内创造新事业进而改进组织活力和提高企业竞争地位的过程。Dess（1997）认为，公司创业是凭借组织内部创新或合作，在企业现有业务基础上产生新业务，并通过战略变革推进的组织变革。Covin 和 Slevin（1991）构建了一个组织内创业精神的模型，表明创业行为对组织内部各因素的影响。Stevenson 和 Jarillo（1990）提出，创业导向型企业不会因为自身目前资源的限制，而放弃对市场机会的追求；企业创业导向的水平与组织内员工的态度相关；企业创业导向强度与企业对员工追求市场机会的鼓励、对员工追求市场机会的培养，以及对员工追求市场机会的奖励紧密相关；重视正式网络与非正式网络的维护，利用网络中的自愿分配与分享。

2. 相近概念辨析

公司创业和创业导向是企业层面创业研究领域的两个关键的构念。公司创业是指已建立企业相关的个体或者团体在企业内部创建新企业、实施战略更新和创新的过程，是已建企业的内部组织过程（魏江等，2009）。公司创业起源于企业层面的创业现象的研究，包括三种具体的活动：创新、风险投资和战略更新（魏江等，2009）。另一个需要辨析的概念是战略创业。战略创业强调的是企业同步搜寻优势和机会，即企业在现有业务范围内追求竞争优势的同时，着眼未来寻求新的业务发展的机会（戴维齐，2015）。有学者认为战略创业是公司创业的一种特定的形式（Kuratko and Audretsch，2013；戴维齐，2015）。战略创业的出现是将战略管理与创业研究相融合的产物，其根本的目的是解决企业在动态环境下，通过有效的资源配置，在追逐机会的同时实现优势的创造，进而形成持续的竞争优势。创业导向是企业战略导向的一种，是企业从事创新、实施超前行动以及在风险承担方面所表现出来的一种战略姿态。Venkatraman（1989）认为，战略导向的分析层次是业务层，而非公司层。而公司创业所对应的是公司层（魏江等，2009），强调的是组织学习、适应、能力的建构和组织演化，最终的落脚点是创新、战略更新和重生。战略创业更多强调的是机会和竞争优势的同时创造。创业导向是公司创业领域的核心概念，是鼓励企业员工进行创新和变革的文化氛围和意识（Hamel and Prahalad，1994），反映企业从事创业活动的强度或倾向（Covin and Slevin，1991），为企业整体精神氛围的研究提供了理论架构（Rauch et al.，2009）。

（二）创业导向的测量

创业导向一直是创业领域关注的重要构念，但是创业导向的维度与测量也一直存在争议。之所以会有这种不同的认识，其根本原因是对创业导向的内涵理解不一致（张宏云，2012）。

创业导向的第一套测量量表是 Khandwalla 在 1977 年开发的，是用一个题项的测量方式来总体测量创业导向的，即测量企业的创业方式在风险承担性、灵活性以及管理集权度三方面的特征。Ginsberg 于 1985 年在 Khandwalla 的量表的基础上扩充，用五个题项来测量创新性、风险承担性和行动超前性。创业导向的测量从一开始就采用了累加形式测量（张宏云，2012），所以后续的量表是在既有的量表上进行修正。因此，三维度量表的发展脉络较为清晰（张宏云，2012）。现有研究也多是采用累加测量的方法来测量创业导向。

创业导向的测量有"三维观"和"五维观"，从而衍生了三维度和五维度两种量表。创业导向的维度一直是创业导向研究领域争论的主题，占主流的主要有两种划分方式。Miller、Covin 和 Slevin（1989）将创业导向视为创新、风险承担和超前行动三个维度的组合体；Lumpkin 和 Dess（1996）将创业导向视为五个维度的构念，在 Miller、Covin 和 Slevin（1989）的基础上又增加了竞争积极性和自主性两个维度。最近的研究建议两个主流的建构可以共存，因为各自提供了独特的视角（Covin and Lumpkin，2011；Miller，2011；Covin and Wales，2012）。也有一些研究者建议，继续将创业导向视为一个整体进行测量，有利于检测其作为中介行为对创业过程、新产品以及市场效应的影响（Wales et al.，2011）。George 和 Marino（2011）建议将创业导向视为"家族"构建，Miller、Covin 和 Slevin（1989）的维度是其核心（Wales，2016）。

构念是理论的基础，建构稳健理论的前提是构念的清晰（Suddaby，2010），只有清楚地界定了创业导向的内涵，才能更清楚、准确地分析创业导向的影响路径和作用机理。Miller（1983）所提出的创业型企业应该同时具备创新性、风险承担性和超前行动性，将这三个特征视为创业导向必备维度，应利用反映型二阶模型来测量创业导向（George and Marino，2011；张宏云，2012），因为在该模型下维度的数量对创业导向不会产生太大的影响。本书认为，创业导向作为一种整体战略姿态，是一个不可观测变量（张宏云，2012）。因此，本书选取反映型二阶模型来测量创业导向，验证理论模型，即认为创业导向是一个由创新性、风险承担性和超前行动性所反映的潜变量，各维度之间高度相关，且各维度之间具有相同的前因变量和结果变量。

二、创业导向成因和影响效应

（一）创业导向的驱动因素

创业方面的一个重要研究就是关于创业导向的产生和出现的原因（Lumpkin and Dess，1996）。创业导向最早的出现体现为创业型企业的态势，研究者往往会考虑为什么有的企业会创业，而有的企业不会创业，此时，多将创业导向作为一个因变量来考虑能影响企业创业导向的因素。创业导向作为一种重要的战略导向，以往对创业导向驱动因素的研究主要基于两方面视角，即创业导向的战略视角和创业导向的创业视角。战略视角主要从组织资源、结构的视角来分析创业导向的驱动因素，而创业视角主要从高层管理者的特质出发来分析创业导向的驱动因素。

基于战略视角分析创业导向的形成机制，有学者从组织文化氛围视角研究了创业导向的影响因素。易朝辉（2012a）研究发现，组织创业气氛对创业导向有正向影响。黎赔肆和焦豪（2014）研究发现，组织即兴的即时性和创造性两个维度分别对创业导向有正向显著影响。胡赛全等

(2014) 研究发现，创新文化和战略能力对创业导向有直接的正向影响，创新文化还能通过战略能力间接影响企业创业导向。Brettel 等（2015）发现，组织文化通过影响创新、先动性和风险承担来促进中小企业创业导向的形成。从社会网络视角探究创业导向的前因也是一个重要的研究领域。易朝辉（2012b）研究发现，网络的关系性嵌入、结构性能嵌入和认知性嵌入与新创企业绩效有正向关系，而创业导向在结构性、关系性网络嵌入与绩效之间发挥中介作用。De Clercq 等（2015）探究了中小企业的结构依赖和关系依赖通过内部知识分享对创业导向的影响机制。后续的研究关注到了组织能力的影响。Swoboda 和 Olejnik（2016）发现，组织观测过程和计划过程对国际创业导向有积极影响。Eshima 和 Anderson（2017）发现，成长型企业的吸收能力会影响其创业导向的形成。

基于创业视角的研究主要聚焦在高层管理者个体特征对创业导向的影响。已有研究分析了 CEO 的领导类型（Ling et al., 2008），高层管理者的任期（Simsek, 2007）及人格特质（Nadkarni and Herrmann, 2010；Simsek et al., 2009）对创业导向的影响。Wales 等（2013b）研究发现，CEO 的自恋正向影响企业的创业导向。Cao 等（2015）探究了 CEO 的社会资本对企业创业导向的影响。

随着战略创业研究的不断深入，学者们发现创业导向型企业能够促进企业迅速成长。这使得学者们对创业导向形成的前因更加有兴趣。学者们发现，创业导向关注的焦点是企业创业过程，而创业活动的核心是创业机会（林嵩等，2004）。创业机会对创业导向的形成有何影响？自 Shane 于 2003 年发表了文章"A General Theory of Entrepreneurship"之后，创业机会的识别和发现理念长期占据着学术界，被称为创业机会发现理论。随着创业环境的变化，一些学者提出了另一个从创业机会解释创业行为的视角，即创业创造理论。该理论认为，创业机会是可以被构建的。斯晓夫等（2016）进一步提出，创业机会可以使发现与构建两者兼之。创业机会与创业行为之间关系的不同理解源于学者们对创业机会内涵的不同理解。虽然机会是创业研究的核心概念，但对于机会的内涵和性质至今没有达成一致（Short et al., 2010）。创业机会是否客观存在的问题引发了创业机会发现论和创业机会构建论两个不同的研究视角。在创业机会的范围方面，一些学者认为创业机会与利润机会是不同的，强调创业机会是发现新的目的—手段关系，而利润机会只是对现有目的—手段的优化（Shane and

Venkataraman，2000）。而另一些学者则认为利润机会包含在创业机会内（张红、葛宝山，2014）。对创业机会内涵的不同理解，是基于机会视角研究创业行为产生的不同影响路径的基础所在。本书将创业机会界定为是客观存在的，将利润机会包含在创业机会的范畴内，因为任何创业行为都是追逐利润的行为，因此，无须因为强调新而将利润机会排除在外。现有研究在剖析创业导向形成机制的研究中，一些研究聚焦于组织因素对创业导向的影响机制研究，另一些研究是学者分析高层管理者个体特征对创业导向的影响机制研究。从机会视角切入剖析创业导向形成机制的研究鲜见。Hitt 等（2001）强调理解和发现创业机会是捕获机会价值而实施创业行为的重要前因。Busenitz（2003）认为，在未来的创业研究中需要更多地研究机会发现及其相关领域，要深入剖析机会与创业活动中其他因素的联系。刘万利等（2011）的研究基于创业个体层面，主张创业机会能够促进创业意愿的产生，从个体视角建立了机会与动机的桥梁。因此，可以尝试以创业机会为切入点，剖析创业导向的形成机制。

（二）创业导向的结果变量

创业导向的结果变量可以概括为三类。第一类是企业的各种绩效，包括企业绩效（易朝辉，2012a；Yu，2012；Shan et al.，2016）、国际创业绩效（Martin et al.，2016；Swoboda and Olejnik，2016）、创新绩效（Joaquín and Ricardo，2013）、新产品开发绩效（Morgan et al.，2015）、企业绩效的变化（Wales et al.，2013c）等。Miller 和 Friesen（1982）以及 Zahra（1993）认为，如果说企业实施创业导向高于某个临界值，将会对企业财务带来损害，那么创业导向的影响效应应该表现出非线性。尹苗苗等（2015）发现，在新企业创建期，创业导向与机会导向的交互作用正向影响企业绩效，却在成长阶段负向影响新企业的创业绩效。第二类是企业成长型结果变量。焦豪等（2008）发现，创业导向能够提升企业的动态能力。Altinay 等（2016）发现，组织学习能力与创业导向的交互能促进中小企业的成长。第三类是其他组织管理效率的变化。尹珏林（2012）研究发现，创业导向促进企业伦理管理。尹苗苗（2013）通过对 263 家企业调研发现，在新企业的创建期，投机导向与创业导向的交互作用对资源获取有显著的负向影响，而在新企业的成长期，两者的交互对资源获取有正向影响。彭伟和符正平（2012）研究发现，高新技术企业创业导向对联盟能力和联盟绩效都有显著的正向影响。

之所以创业导向对企业绩效的影响效应有不同表现,是因为学者们在研究创业导向对企业绩效的影响效应时所站的角度不同。有学者认为创业导向即是企业优势,因而能提升企业绩效。Rauch(2009)的元分析发现,在不同的行业和文化背景下,创业导向与企业绩效存在正相关性。但是,也有学者认为创业导向是试验,其对企业绩效的影响存在多种变数(Wiklund and Shepherd,2011)。创业导向对企业绩效影响的多变性是因为创新产出的不确定性。因此,学者们从不同的视角来更进一步剖析可能引起这种不确定性的因素,引发了创业导向是否会增加企业竞争性问题的讨论(Wiklund and Shepherd,2011)。企业对创新多变性的管理能力是联系创业导向试验性本质和优势性本质的桥梁。这表明,企业创业导向对企业的影响效应的研究已从最初的企业绩效的影响转变为对能提升企业竞争性能力的影响机制分析。

(三) 中介机制研究

中介机制回答了事情发生的机制(Baron and Kenny,1986)。一些研究试图探求从创业导向到企业绩效的中介机理。

对创业导向的中介机理的剖析多是基于组织学习理论。Joaquín 和 Ricardo(2013)探讨了组织学习能力和创新绩效在创业导向与绩效之间的中介关系。林琳和陈万明(2016)探讨了新创企业创业导向的不同的维度对企业绩效的影响,发现创业导向通过利用式创业学习和探索式创业学习影响新创企业的生存绩效和成长绩效。马喜芳和颜世富(2016)研究发现,知识整合能力正向调节创业导向与组织创造力之间的关系,高集体主义倾向正向调节创业导向、知识整合能力对组织创造力的积极作用。有的学者基于其他战略视角,研究了不同战略间的影响机制。Blesa(2003)探求了市场导向在创业导向与企业绩效间的中介作用;Stam 和 Elfring(2008)验证了网络战略是创业导向与绩效的中介变量。随着对创业导向构念内涵研究的不断深入,学者们开始从组织能力和行为入手,探求创业导向对企业绩效的作用机理。Wales 等(2015)探求了新进入行为(新产品、新市场、新事业)在创业导向与企业绩效间的中介机理。安舜禹等(2014)以中小企业为研究对象,探讨了关系利用对新企业创业导向与绩效的中介作用。Patel 等(2015)发现,实施创业导向的企业能够通过控制多变性而实现更高的绩效。冯海燕和王芳华（2015）利用竞争优势理论，研究发现竞争战略、实质能力、动态能力在创业导向与企业绩效间发挥中介作用，发现创业导向经由实质能力，通过竞争战略正向影响绩效。Martin 和 Javalgi（2016）探究了营销能力在国际创业导向与国际创业绩效之间的中介机理。Shan 等（2016）发现，创新速度在创业导向与企业绩效之间的中介作用，创新速度越快，企业绩效越高。

（四）调节变量

调节变量回答了什么时候具体事件会发生这一问题。现有调节变量大多集中在创业导向与各种组织绩效之间的影响。Wales 等（2013a）与 Covin 和 Slevin（1991）的主张一致，认为如果没有具体的情境，创业导向不容怀疑的是资源消耗型战略姿态，需要持续投资资源来发展和维持。

基于组织外部视角，学者们研究了环境变量的调节作用，包括环境动态性（吴建祖、龚雪芹，2015）、竞争强度（Yu，2012；Martin et al.，2016）、环境不确定性（尹珏林，2012）对创业导向的影响。以创业导向作为战略导向，学者们也研究了其他的战略变量与其的交互影响。陈文婷和惠方方（2014）研究发现，创业导向对创业学习和创业绩效间的关系起调节作用。孙红霞（2016）探求了创业导向、学习导向对知识基础资源与竞争优势关系的调节效应，以及两者的联合调节效应。彭伟和符正平（2012）研究发现，联盟导向和创业导向对企业绩效具有正向影响，创业导向和市场动态性在联盟导向与企业绩效中发挥正向调节作用。Morgan 等（2015）发现，市场导向会削弱创业导向对新产品开发绩效的正向影响。Yu（2012）研究发现，战略柔性正向调节创业导向对企业绩效的关系。现有研究对于创业导向调节变量的选择，正在朝着企业内部行为和能力的视角转变，注重分析企业自身能力对创业导向的调节作用。Wales 等（2013c）发现，创业导向对小企业绩效有倒 U 型影响，信息通信能力和网络能力会调节此效应。Engelen 等（2015）研究发现，变革型领导行为正向调节创业导向与企业绩效之间的关系。Altinay 等（2016）发现，组织学习能力与创业导向间的交互能促进中小企业的成长。Engelen 等（2016）研究发现，高管社会资本正向调节创业导向与组织绩效的关系。

三、文献述评

基于创业导向的研究,对创业导向概念的认识从 Mintzberg(1973)创业方式概念的立体开始,经历了战略模式(Miles and Snow,1978)、创业型企业(Miller,1983)的认知过程。Miller 提出了创业型企业的创新性、超前性和风险承担性的基本特质,而 Covinhe 和 Slevin(1989)的创业型企业的测量量表的提出,推动了创业研究的情境。Lumpkin 和 Dess(1996)正式提出了创业导向的概念,并认为创业导向应该具有五个基本的维度,并强调了这五个维度之间的相互独立性。创业导向的内涵、维度以及测量方式一直是学术界关注的重点,因为只有对创业导向内涵的准确界定,才能够保证后续研究的顺利进行。但在现有研究中会出现一种现象,即创业导向内涵与测量的不一致性。Miller、Covin 和 Slevin(1989)强调创业导向是一个整体,三个维度高度相关,而 Lumpkin 和 Dess(1996)强调创业导向五个维度之间的相互独立,且维度之间的任意组合都可构成创业导向,在研究中一定要避免此概念内涵运用彼测量方式,使得研究根基错误。因此,这要求在进行创业导向研究时要做到使用的理论、内涵及机制的研究保持一致性。本研究借鉴 Miller(1983)的定义,将创业导向视为企业所呈现出的具有创新性、行动超前性和风险承担性的一种战略姿态。本研究主要聚焦在企业层面的创业导向,将创业导向视为反应型二阶模型,认为创业导向是一个由创新性、风险承担性和行动超前性所反映的潜变量。

在创业导向的影响因素分析中,本研究主要集中在企业内部的影响因素的汇总。现有研究从企业资源基础观、战略选择理论入手,从组织的创业氛围、创新文化、战略能力等方面分析了创业导向的形成;基于高阶理论,探析了 CEO 对创业导向的影响,从 CEO 特质的影响研究逐渐向 CEO 资源和行为扩展。对创业导向的因素的研究逐步从企业内部的宏观因素向企业的具体能力和行为演变。此外,现在的企业都嵌入在社会网络中,对创业导向的成因的研究应该扩充到企业相关的网络行为、资源等对其影响的研究。考虑到创业导向是资源消耗型战略(Covin and Slevin,1991),高层管理者关系作为企业联系外部的桥梁,是企业获取信息和整合资源的有效途径,本研究聚焦于高层管理者关系对创业导向的影响机制研究。

创业导向对企业绩效的影响效应的不确定性，使得学者们更加关注可能降低创新过程中不确定性的能力和因素对创业导向影响效应的改变。因此，"创业导向是否为提升企业的竞争能力的标准战略姿态"这一问题的答案成为学术界关注的重点。创业导向对企业竞争优势影响的不确定性来源于创新产出的不确定性，因此，创业导向是否能提升创新产出有效性的能力成为回答此问题的关键所在。动态能力是企业在多变的环境中可持续发展的根本，现有学者发现，创业导向所体现出的创新性、风险承担性和先动性有利于提升企业的动态能力，而新产品开发能力作为企业的一种具体的动态能力，却鲜有研究探究创业导向对新产品开发能力的影响。新产品开发能力是以新产品为产出形式的具体的组织惯例的集成体现，新产品开发能力越强的企业其创新成功的概率越大，探究创业导向对新产品开发能力的影响为回答"创业导向是否为提升企业的竞争能力的标准战略姿态"这一问题提供了更充分的论据。

第四节 环境不确定性对组织的影响研究

一、环境不确定性的内涵界定

（一）环境不确定性的内涵

组织所处的环境是相对于组织自身而言的，将处于组织之外的一切事物都视为环境。任何组织都在特定的环境下生存与发展。有学者认为，环境仅指组织外部环境。例如，Mintzberg（1998）将环境定义为"组织以外的所有东西"；斯蒂芬·罗宾斯认为环境是对组织绩效发挥潜在影响的所有外部机构或力量；Daft（2001）认为环境是存在于组织边界之外，对组织的全部或部分产生影响的所有因素。也有一部分学者认为环境是内外部环境的综合。Steiner（1984）把环境分为包含企业所有者、雇员、经理层等在内的企业内部环境和外部环境。但从现有研究来看，主流的观点仍是将环境视为组织外部变量。

Duncan（1972）认为，环境是个人在组织中的决策行为所必须考虑的自然或社会因素的综合。现有对环境的研究主要有两种视角。一种是从具体的环境内容的视角进行研究,具有代表性的是 PEST 分析,从政治环境、经济环境、社会环境、技术环境的视角来分析,后续又在此基础上加入了自然环境和法律环境。这类分析有助于企业理清其所面临的具体环境,更适用于指导企业管理实践。另一种是从环境的特征出发,对环境的确定性程度进行研究,即环境的动荡程度、复杂程度等。从环境的特征视角进行研究有利于实现研究的可比性和传承性,更适用于学术研究。因此,本研究从环境特征出发,分析环境对组织行为的影响。

环境最主要的特征是其本身及主体感知的不确定性(Duncan,1972;王益谊等,2005)。不确定性概念源自经济学。经济学家奈特(1921)从事件结果是否可预见区分了风险和不确定性,认为风险特征体现为概率估计的可靠性以及因此将它作为一种可保险的成本进行处理的可能性。而不确定性是指人们对事件基本性质知识的缺乏,对可能的结果知之甚少,难以通过现有理论或经验进行预见和定量分析。Lawrence 和 Lorsch(1967)认为不确定性的产生是因为缺乏确切的信息、无法立即得到明确反馈或因果关系的不确定性。Duncan(1972)认为环境不确定性是:①在决策时相关环境因素信息的缺乏;②无法得知决策结果;③无法预知环境对决策的影响。Miles 和 Snow(1978)认为影响企业绩效的环境的不可预测性即为不确定性。Milliken(1987)认为环境不确定性是管理者不能正确感知或评估组织外部环境的状态或发展趋势,这种不确定性可分为三类:状态不确定性、影响不确定性以及反应不确定性。而现有研究大多是从状态、影响和反应三个方面来说明环境对组织的影响的。

现有对环境不确定性的研究分为两个主要的流派,即信息基础理论和资源依赖理论(Kreiser and Marino,2002)。信息基础理论的奠基者巴纳德认为物质环境本质上是不稳定的,加上管理者并不能获取和理解所有信息,这就形成了环境的不确定性。西蒙等行为主义学派学者扩展了巴纳德的理论,主张管理者是有限理性的,这使得企业难以理解复杂环境,因此,必须在不完全信息条件下做出决策和响应。在此理论框架内,造成环境不确定性的原因是:①不完全信息;②战略行动到反馈的时滞;③因果模糊。Duncan(1972)也认为环境的不确定性是源于不同主体所感受的不确定性,提出了"感知的环境不确定性",并为学者们所广泛接受。随着外部环境变化的加剧,学者们对管理者是否能正确感知和理解外部环境产生了质疑,开始追求客观理解环境不确定性,从而出现了资源依赖理论。资源依赖理论认为,环境是企业赖以生存的稀缺资源的来源,而对这些资源控制的缺乏造成了环境的不确定性。从该理论视角来看环境不确定性的真正原因是缺乏对资源的控制。

环境不确定性在组织理论的发展过程中也存在客观的环境不确定性和感知的环境不确定性的分歧。客观的环境不确定性是组织外部环境状态的客观集合,而感知的环境不确定性是指决策者感知到的直觉现象。Downey等(1975)、Tan和Litschert(1994)认为,只有组织的管理者感知到的不确定性才能够对组织的决策产生影响。本研究立足于高层管理者在决策的过程中外部环境对其决策结果的影响,因此,本研究的环境不确定性指管理者由于缺乏信息或能力,对组织所处的环境或对未来技术和市场的变化感到无法预测的一种状态(俞仁智等,2015)。本研究中的环境不确定性是高层管理者对环境不确定性的感知。

(二) 环境不确定性的测量

1. 环境不确定性的维度

环境不确定性的测量有单维度和多维度两种方式。单维度测量相对简单,早期的研究中多运用单维度测量,当环境不确定性在研究中担当非核心变量时也适用单维度测量(李大元,2010)。环境不确定性的多维度划分具有多样性,不同的学者从不同的视角测量环境不确定性。Duncan(1972)将环境不确定性分为"简单—复杂"和"静态—动态"两个维度。Zahra(1996)认为环境不确定性是动态性、异质性和敌对性的反映。Lumpkin和Dess(2001)认为可以从动态性和敌对性两个维度衡量环境不确定性。尽管环境不确定性的多维测量呈现多种划分,但是总体来说,动态性、复杂性和丰富性是较为普遍认可的环境不确定性的划分维度。当研究视角重点剖析环境特征对其他因素的影响效应时,环境不确定性的测量适合选用多维度的测量方式。

2. 环境不确定性的测量视角

现有研究对环境不确定性的测量主要从客观解构视角、主观建构视角和整合分析视角这三个视角进行。

客观解构视角认为,主体所面临的环境是同质的,可以运用 SWOT 分析、BCG 矩阵、五力模型等工具对各种客观数据进行分析,从而确定企业所处的外部环境的情况（康健，2015）。主观建构视角认为，不同的主体拥有的资源不同，对环境不确定性的接受程度也不同，因此，从行为主体的主观感知来考察环境不确定性的影响更为合适。在战略管理研究领域通常运用量表的方式测量行为主体感知的环境不确定性。整合分析视角是将客观解构视角和主观建构视角相结合，对环境不确定性进行分析。

目前，学术界普遍运用主体的感知来评价企业所面临的环境不确定性。本研究主要探讨高层管理者的战略选择问题，因此，遵循学术界的普遍做法，从主观建构的视角来分析环境不确定性。因为本研究考虑的是环境不确定性的调节效应，所以选取单维度测量环境不确定性。

二、环境不确定性对组织行为的影响

在现有环境不确定性的研究中主要有三种类型：第一类研究是将环境不确定性作为控制变量；第二类研究是将环境不确定性作为调节变量，分析环境因素对各种作用机理的影响效应；第三类是将环境不确定性作为主要变量，研究环境对企业绩效和其他变量的影响作用。

环境不确定性对企业绩效的影响并未达成一致，甚至有两种不同的结果。有学者认为环境不确定性能够带来大量机会，企业可以通过不断地感知和捕捉这些机会而获得持续的竞争优势。另一些学者从战略管理的视角出发，认为环境不确定性给企业带来了很多不可预见性，这些不可预见性会干扰企业的生产经营，进而降低企业的竞争力。这些环境不确定性对企业绩效的影响是从竞争优势形成的视角来剖析的，更多的学者从环境不确定性对竞争优势的间接影响效应出发进行研究，即环境不确定性会调节其他组织因素对企业竞争优势的作用效应。

当环境不确定性作为调节变量时，现有研究更多地用权变理论来解释环境不确定性与组织战略之间的关系，强调组织只有适应环境的变化，才能够生存和可持续发展。Tan 和 Litschert（1994）在中国转型经济背景下发现，随着环境不确定性的增加，管理者更倾向于实施防守型战略。何铮等（2006）研究发现，当环境的复杂性、动态性以及威胁性都降低后，企业更倾向于实施进攻型战略，企业战略的长期导向性明显增强。

三、文献述评

本节通过梳理有关环境不确定性的现有研究，发现环境不确定性主要通过外部环境的不可预测以及行为主体无法确定应对策略的效果来体现。因此，本研究的环境不确定性指管理者由于缺乏信息或能力，对组织所处的环境或对未来技术和市场的变化感到无法预测的一种状态（俞仁智等，2015）。本研究中的环境不确定性是高层管理者对环境不确定性的感知。在对环境不确定性的测量维度和测量视角进行梳理后，发现环境不确定性存在单维度和多维度两种测量方式，有客观解构视角、主观建构视角和整合分析视角三个测量视角。考虑到本研究要解决的核心问题以及现有学术界的主要研究趋势，本研究运用主体的感知来评价企业所面临的环境不确定性，选择运用单维度测量方式。

第五节 研究述评

本章对管理者关系、新产品开发能力、创业导向及环境不确定性的相关文献进行回顾。通过对相关文献的梳理，阐明现有研究中可能存在的突破口，为本研究找到相关理论切入点。

在梳理高层管理者相关定义的基础上，本研究将高层管理者关系定义为企业高层管理人员愿意花时间和精力建立和维护的私人关系，在市场竞争中能给企业带来各种便利，是对市场和制度环境不确定性的有力补充。此外，遵循 Peng 和 Luo（2000）的观点，将管理者关系分为两类：一类是与其他企业，包括供应商、客户和竞争者之间建立的商业关系；另一类是与政府官员建立的政治关系。从管理者关系的影响效应来看，管理者关系对企业绩效的影响效应是怎样的这一问题依旧未得到一致答案，此问题的回答需要深层次剖析管理者关系对企业绩效的作用机制。从管理者关系影响效应的分析视角来看，现有管理者关系的研究多是基于社会资本和社会网络理论、资源基础观及制度理论来分析其对企业行为的研究。从社会资本的视角来看，并不是所有的关系资源都能视为企业的社会资本，而是那些能够为企业目标实现所服务的关系资源才能被视为社会资本，故而社会资本更多的时候被视为是企业实现目标的资源。因此，基于社会资本理论的研究多将管理者关系作为情境变量，探讨其对企业经营行为的改变程度。从资源基础观的视角出发，社会资本被视为企业的独特资源。基于制度理论，强调的是关系对组织合法性及交易的促成效应。而以上理论视角都是强调管理者关系这种渠道所带来的资源对企业经营行为的影响，忽略了关系这个资源渠道的直接受益者——高层管理者的主观意识的变化。在中国关系型社会背景下，关系背后蕴含着认同、信任、利益互换、长时期互惠等内涵，这会影响关系的拥有者——高层管理者因为其所处的情境不同而采取不同的管理决策行为。认知基础观为剖析管理者关系因管理者认知不同而影响企业行为提供了研究视角。因此，本研究尝试从社会资本和认知基础观出发，剖析关系的拥有者——高层管理者在企业经营决策过程中的不同表现。

基于上文中新产品开发能力的研究总结，本研究认为，新产品开发是企业利用资源和能力创造新产品、改良旧产品的过程（Cooper，2003）。新产品开发能力是企业有目的地重构组织产品组合的一种组织惯例（Danneels，2008；Schilke，2014），是企业的动态能力。现有研究从知识基础观、外部网络视角以及内部资源视角剖析了新产品开发的影响因素。基于知识基础观的相关研究强调了隐性知识对新产品开发的重要性，而隐性知识的获取依赖于非正式联系。外部网络视角强调了新产品开发相关知识的多样性，与战略联盟、供应商以及其他组织的联系增强了组织产品开发资源和知识的多样性及可获取性。现有对新产品开发能力的研究多是聚焦在可能影响新产品开发的知识、资源、职能部门整合等因素，而未考虑新产品开发能力的本质是企业的动态能力。基于动态能力的研究视角会发现动态能力受到环境变化的影响，同时会影响企业的竞争优势，动态能力的形成过程具有路径依赖性。综合这几个因素会发现，企业的战略选择会影响企业新产品开发能力的形成。企业战略立足于企业所处环境，决定企业竞争优势，同时战略会决定组织内部的资源部署和流程布置，因此，有必要从企业战略的视角剖析新产品开发能力的前因。

联系管理者关系与新产品开发能力的已有研究，高层管理者在组织决策中的重要地位已经得到肯定，高层管理者的认知会影响企业的战略选择。而企业的战略选择决定了企业的资源部署和流程布置，会影响企业新产品开发能力的形成。但是，何种战略选择会成为联系管理者关系与新产品开发能力之间的纽带呢？锁定现有的可能战略选择，基于认知基础观，探寻受到高层管理者关系影响的、会影响新产品开发能力的企业战略。聚焦于创业导向的研究发现，创业导向是企业愿意去寻找持续增长的一种战略选择。从创业导向的成因来看，现有研究分析了企业相关资源、能力会促成创业导向的形成，也有研究从高层管理者的性格特质方面分析了其对创业导向的影响。虽然现有研究也剖析了高层管理者的外部资本能影响企业创业导向选择，但依旧是聚焦于社会资本的资源效应对战略选择的影响，而高层管理者关系作为社会资本的载体，在中国关系型社会背景下，是否会对创业导向产生影响，这一问题依旧并未得到解答。从创业导向的影响效应来看，创业导向的创新、行动超前和风险承担的特征，为新产品开发提供了平台，现有研究也建立了创业导向对动态能力的研究桥梁。那么，创业导向是否能对新产品开发能力产生影响，这将是本研究后续要深入剖析的问题。

第三章 理论基础

继第二章文献综述之后,本章对企业能力理论、社会资本理论和认知基础观等理论进行梳理和回顾,为深入剖析高层管理者关系对新产品开发能力的影响效应提供扎实的理论基础。虽然社会关系的影响在任何国家情境下的作用都是普遍存在的,但其存在形式与影响程度却不尽相同。在中国,基于差序格局的关系文化始终是研究社会发展、企业经营及个体行为所不能忽视的。因此,对中国情境的内涵、基本特征进行阐述,有利于更好地理解在此背景下个体关系对组织运营的作用机制。

第一节 中国情境分析

一、中国情境内涵

国内外现有越来越多的研究关注中国情境下的管理问题的研究。中国情境是转型经济、新兴经济及中国特有文化交融的产物(张玉利等,2012;单标安,2013)。转型经济是指从计划经济体制向市场经济体制的转型。新兴经济体是指正在工业化进程中的新兴国家或地区,包括中国、印度、巴西、俄罗斯和南非等国家。新兴经济体国家经济发展迅速,判断一个国家是新兴经济体国家有两个基本条件:第一是这个国家的经济发展速度快;第二是政府鼓励经济自主化,有较为自由的市场体系。转型经济体国家通过实施市场化导向而促进经济的快速发展,因此,转型经济体往往都包含在了新兴经济体的范畴中(单标安,2013)。从文化角度,学者们基于东西方文化的对比,分析了一些具有中国特色的文化因素在整个中国社会经济发展中的重要作用,例如关系文化、集体主义、风险规避等。

中国现阶段发展过程中，制度变革对整个社会经济的发展影响很大，因为中国经历着从计划经济向社会经济的转变。North（1990）将制度环境分为正式制度和非正式制度。国家或社会以编码形式存在的法律、法规等就是正式制度；以非正式形式存在的社会行为准则、价值观、信仰和文化等就是非正式制度。Scott（1995）在 North 的研究基础上，将制度环境划分为规制、规范和认知三个维度。规制维度与 North 所划分的正式制度相类似，主要包括国家法律、法规制度等方面；规范和认知维度则属于非正式制度，规范包括国家或社会的价值观、文化等，认知则包括社会的技能、信息和知识等方面内容。中国的制度转型、新兴经济体和文化传统共同决定了中国情境的独特性（张玉利等，2012；单标安，2013）。制度环境是指正式规制，文化是非正式制度的规范部分，市场环境在一定程度上代表着非正式制度的认知部分。这些因素对企业的影响，在企业内部表现为对企业资源的价值估计和积累；在企业外部则表现为在中国的多变的市场情境下，这些因素会影响企业与企业之间、企业与政府之间的相处模式。

二、中国情境要素特征

（一）制度环境

现阶段中国社会在探索中前进，没有成功经验可以借鉴，在从计划经济体制向市场经济体制转型的过程中，会出现现行制度与经济社会发展不同步的情况，使得企业在运营过程中需要面对因制度不完善而带来的风险。来自制度存在状态的风险，一方面表现在某些制度空白所引发的风险，例如正式制度（成熟的合同法等）的缺乏（Xin and Pearce，1996），带来产权不明晰（Park and Luo，2001）；另一方面是因为制度缺乏稳定性而带来的风险（Meyer，2001）。来自制度执行层面的风险，一方面是本来制度存在层面的问题会使得法律法规在实际操作过程中遇到困难，给各部门执行法律法规带来挑战；另一方面，因为缺乏相关经验，不同的部门在执行法律法规的过程中可能会出现对法律法规的解释不同，因而造成法律法规的执行结果差异化程度高。转型经济的特点是从政府控制向市场竞争转变（Peng，2003）。中国经济转型是逐步地引入市场机制，在这一过程中会出现计划机制和市场机制两种资源分配体制并存的局面。随着经济转型的不断推进，这两种机制既可能带来体制重叠，也可能会出现体制空隙，而这个过程正是市场机制力量不断强大的过程。但在中国经济转型的过程中，尽管市场的力量毋庸置疑是强大了，但是政府的影响依旧没有下降，政府依旧活跃在经济环境中。

（二）市场环境

改革开放至今，中国一直在探索中前进，推进制度转型，在逐步废除计划体制的基础上，逐步摸索建立市场体制。Peng（2003）等学者构建了计划体制占主导地位的转型早期、计划体制和市场体制力量均衡的转型中期、市场体制占主导地位的转型后期的转型三阶段模型。现阶段的中国正处于市场经济体制不断完善过程中。中国经济发展正在朝着形态更高级、分工更复杂、结构更合理的阶段前行，经济发展进入新常态，其发展方式正在从规模速度型粗放增长向质量效率型集约增长转变。从消费需求来看，个性化、多样化消费已经成为市场主流，对产品质量要求提高，利用供给创新激活需求的重要性凸显。从投资需求看，传统产业投资相对饱和，而新技术、新产品、新业态和新商业模式的投资机会大量出现。出口依旧是促进经济快速发展的重要功能，但低成本比较优势发生了变化，需要培养新的比较优势来更加充分地发挥出口对经济发展的促进作用。现阶段面临的环境承载力已经达到或接近上限这一状况，必须在发展经济的同时，重视生态保护，推动形成绿色低碳循环发展新方式。

（三）文化环境

关系文化是中国文化的重要构成（边燕杰、张磊，2013）。在文化影响研究中，"关系"是研究中国情境用得最多的概念之一，这是因为"关系"在中国社会的存在极具广泛性，对中国管理实践有着深刻影响。关系文化是人们对社会关系的内涵、合法性的价值认同和行为倾向（边燕杰、张磊，2013）。中国与西方国家文化背景的不同，也决定了中国企业和企业家的行为方式与西方国家的不同。西方社会体现的是团体结构的特点，个体因为隶属于某个团体而有社会价值（张玉利等，2012）；而中国是一个源于农耕文明和儒家文化的"讲交情、攀关系"（费孝通，1938）的社会，是以基于关系亲疏远近的差序格局为特点的社会。中国社会的关系是建构在其集体主义文化和亲属关系高于其他社会纽带的价值体系之上的。

在中国，关系能够被视为一种社会治理机制（Gu et al.，2008），是中国集体主义文化的衍生物（Xin and Pearce，1996）。中国人认为关系源于某种"缘分"，缘分涉及亲子、夫妻、师生、朋友等长期性的社会联系，形成了亲缘、地缘、神缘、业缘和物缘；机缘会带来短暂的社会关系。中国人认为维系关系的手段就是感情。人情和面子是维系人际关系的重要手段，还可以实现资源的互换。人情和面子是关系传递、维持和发展的关键。关系可以通过人际间的信任和关系纽带来建立（Peng and Luo，2000）。当个体甲介绍个体乙给个体丙认识时，个体甲将信任和关系纽带同时转移到个体乙和个体丙。因此，在中国，关系在这种丰富的共享纽带和义务中繁衍。关系是中国文化和制度纪律重要的组成部分（边燕杰、张磊，2013）。血亲纽带和姻亲纽带是关系的起源，而非亲缘纽带形成的关系则因为双方互动的人情和义务的增加而升级为稳定的关系。中国文化中极为重要的时刻和场合，如婚礼、传统节日、社交餐饮等都是构建和维护关系的重要契机。人情交换是中国社会关系的重要属性。

在中国，关系被赋予特定的含义，即关系是存在于有用性基础之上的，存在于关系中的互利性的利益交换是关系主体双方选择构建与维护关系的重要原因之一。西方社会的商业活动是建立在法律制度以及市场的信用体系之上的，而中国社会的商业活动则可能建立在人际关系的基础之上，体现出一定程度的"关系资本主义"的特征。在制度转型过程中出现的阶段性制度空白进一步凸显了关系在商业中的重要性。关系作为一种非正式制度，可以降低交易成本和风险，发挥资源配置的作用（Xin and Pearce，1996）。

三、情境化研究的必要性

中西方的管理和组织理论非通用性要求理论应用边界条件的明确，中国情境下的研究必须立足于中国社会和管理实践（郑雅琴等，2013）。现在大多数管理学研究是利用西方情境中已有的问题、理论、方法等（郑雅琴等，2013），在一定程度上忽略了理论应用的具体情境。如果研究理论方法脱离具体情境，会出现用正确方法解决不恰当问题的现象，即使是再严谨的方法,也很难得出正确、合理的结论。情境不仅仅表现为外部的环境,还体现在个体内部,个体在理解周围环境时的感知、判断及思维过程等。

中国与西方国家相比,在经济、制度、文化上具有其自身特点。未来我国经济发展所面临的主要矛盾是经济发展前景与经济发展危机并存的矛盾(张玉利等,2014),而核心解决方式是从要素驱动型增长转向创新驱动型增长的经济发展方式的变革。中国企业进行经营活动的重心也会发生变化。战略制度观认为,企业的决策行为建立在现有的正式和非正式制度架构下的理性决策之上,以寻求企业利益最大化(Peng,2009)。因此,当制度环境发生变化时,研究在当前制度环境下,企业的适应行为和经营行为就成为战略管理理论研究聚焦的核心(Peng,2003)。

第二节 企业能力理论

企业能力理论萌芽的出现可以追溯到 Adam Smith(1776)的分工理论、Alfred Marshall(1925)的企业内部成长论,以及 Edith Penrose(1959)的企业成长论。Adam Smith(1776)的分工理论认为,企业生产效率的提高极大地依赖于组织分工,将生产过程分解为一道道简单的工序,有利于促进组织内部产生各种知识。Alfred Marshall(1925)在《经济学原理》中提出企业内部成长论。Marshall 认为,企业的生产职能包含多个次级职能单元,蕴含不同工作的次级职能单元会产生一系列不同的专门技能和知识,这种专门技能和知识的积累不仅存在于企业内部,还存在于产业中,甚至整个社会中。Edith Penrose(1959)在《企业成长论》中提出企业是资源集合体,认为新知识的积累是通过把解决某一问题的正确方式的关联知识转化为程序化的知识,组织知识的积累是企业内部化的结果,企业内部的能力资源是这一过程的基础(谷奇峰、丁慧平,2009)。Adam Smith 的分工理论是将企业视为能力分工体系的最基本的理论基础(谷奇峰、丁慧平,2009)。Alfred Marshall 强调了专业分工所带来的组织协调问题,企业成长依赖于企业内部管理对分工的协调和整合,并区分组织内部与组织间的交互作用的内外部经济问题。Edith Penrose 的企业成长理论为资源基础理论的发展提供了坚实的基础。

企业能力理论关注的核心问题是在企业异质性假设下,从投入角度来解释企业竞争优势的可持续性。对投入因素的不同理解导致了对企业能力理论的不同研究视角。有学者(谷奇峰、丁慧平,2009)将企业能力理论依其不同的演变基础分为不同的流派,企业能力理论基础经历了资源基础论(Wernerfelt, 1984; Barney, 1986)、核心能力理论(Prahalad and Hamel, 1990; Lenard-Barton, 1992)、知识基础论(Kogut and Zander, 1992, 2003; Spender and Grant, 1996)、动态能力论(Teece, 1997; Zollo and Winter, 2002)的演变,这四大理论构成了企业能力理论的解释基础。这些理论的共同基础即认为企业的内部条件是企业获得竞争优势的决定性因素;企业内部所拥有的资源、能力和知识积累是解释保持竞争优势的关键。

一、资源基础观

企业资源基础观认为企业是各种异质性资源的集合体,每种资源都有各自不同的用途,企业所拥有的有价值的、稀缺的、具有异质性的、难以被竞争对手所模仿的资源,是企业竞争优势的来源。

企业资源基础理论有两个基本假设前提:第一,企业拥有资源的异质性特征。企业所拥有的资源是有别于其他企业的,这是企业独特性的来源。不同学者对企业资源异质性的来源有不同的见解。Penrose(1959)认为,资源异质性是因为市场失灵或市场不完全;Dierickx 和 Cool(1989)认为,异质性资源的形成是因为资源的难以模仿和不可替代性;Rumelt(1982)认为,由于隔离机制的影响,成立初期的同质性企业变成异质性。第二,企业拥有的内部资源的不完全流动性。Penrose(1959)认为,企业内部的生产性要素的效率不同,使得一些资源优于另一些资源,从而使企业的异质性得以持续。

Wernerfelt(1984)在《战略管理杂志》上发表的《企业的资源基础理论》是企业资源基础理论的标志性文章。Wernerfelt(1984)将异质性资源总结为具有价值的、稀缺的、不能完全被模仿和不能完全被替代的资源。Barney(1991)发表的《企业资源与持续竞争优势》初步构建了企业资源基础理论的研究框架,提出形成可持续竞争优势的战略性资源必须是有价值的、稀缺的、难以模仿的和难以替代的。Grant（1991）认为，异质性资源的持久性、透明性、转移性和复制性是企业竞争优势形成的资源特征；Collis 等（1995）认为，资源具有不可模仿性、可持续性、可占用性和难以替代性。Barney（2002）认为，资源仅仅具备有价值性，并不能形成竞争优势，形成竞争优势的资源应该是其他企业所不能拥有的，因此，稀缺性是资源异质性的又一特征。同时，他也提出了资源的不可完全模仿性，涵盖了 Barney（1991）提出的难以模仿性和难以替代性，并认为企业竞争优势构建源于对企业所拥有的有价值的、稀缺的、不可完全模仿的资源的有效整合。Barney（1991）所提出的能为企业带来可持续竞争优势的资源具备有价值性（valuable）、稀缺性（rare）、不可模仿性（imperfectly imitable）和不可替代性（non-substitutable）的四大特征被广泛接受，即形成了 VRIN 框架。Barney（2002）补充提出的有价值性（valuable）、稀缺性（rare）、不可模仿性（imperfectly imitable）和组织性（organization），形成了企业资源基础观的 VRIO 框架。

企业资源基础理论是阐述企业竞争优势来源的主要理论。竞争优势的来源有两种重要的理论观点，即竞争优势外生论和竞争优势内生论。外生论认为，竞争优势的产生主要源于企业在行业中的定位。Poter 认为，低成本战略、差异化战略和集中化战略这三类基本的竞争战略都可以形成企业的竞争优势。内生论则认为，企业的竞争优势产生自企业所拥有的资源和能力。资源是能力产生的基础，企业资源汇聚成企业的核心能力，核心能力会带来竞争者无法复制的竞争优势。但核心能力同时具有刚性，会降低企业在动态复杂环境中的战略适应性。因此，只有认识变化，抓住机会，重新配置企业资源，调整企业能力，满足环境需求，才能实现可持续的竞争优势（Teece et al.，1997）。

Poter 的定位观将企业优于竞争对手的绩效来源归结于以较低的成本提供相同的质量或以同样的成本提供更优质的产品，即竞争优势的来源是企业最终呈现出来的产品差异。而企业资源基础观认为，产品的差异是源于企业拥有的资源的异质性，资源的异质性决定了企业间竞争优势的形成，进而形成企业间绩效差异。"资源—战略—绩效"的分析范式为企业竞争优势的形成提供了基本的研究框架，表明企业的绩效不同是因为企业的战略选择不同，而战略选择是由企业所拥有的资源决定的。

企业资源基础理论的核心是"资源"。最初的企业资源是停留在静态的层面，指企业所拥有的物力资源、财力资源、人力资源等，而随着产业竞争的加强及产业结构调整速度的加快，学者们对资源基础理论提出了质疑，将重点逐渐聚焦到企业能力上，逐渐出现了资源观和能力观的整合。企业资源基础理论是创业问题研究的重要理论基础。Bruno 等（1982）、Castrogiovanni（1991）认为，环境的宽松性对企业的创业导向会有很大的影响。当企业所处环境宽松时，企业资源获取的可能性会增强，资源获取的可能性和可用性是创业导向的重要影响因素。

二、核心能力观

核心能力观主张企业是能力的集合体，企业的竞争优势源于企业的核心能力。Prahala 和 Hamel（1990）发表于《哈佛商业评论》的文章"The Core Competence of the Corporation"是企业核心能力理论的里程碑文章。文章将核心能力定义为组织如何协调不同的生产技能和组合多种技术流的积累性学识，强调企业长期竞争优势的形成取决于企业是否能比竞争对手以更快的速度和更低的成本构建起核心能力。

Leonard-Barton（1992）从企业核心能力的视角来分析企业的产品开发，提出核心能力与核心僵化好比一个硬币的两面，将核心能力定义为区分并实现企业竞争优势的知识集合。该集合体现四个方面的内容：第一，体现在员工知识和技能上的知识的内容；第二，隐含在技术系统中的知识的内容；第三，受到管理系统影响的知识的创造和控制过程；第四，存在于企业中的与上述显现和隐含的知识、知识创造和控制相关的价值及规范。Leonard-Barton 同时强调，企业的产品开发活动与过程和核心能力是相互影响的，核心能力能够增强研发活动的顺利进行。同时，当研发活动与过程对上述四项内容进行更新时，原有的核心能力也会变成阻碍研发活动进行的障碍，因此形成了核心僵化。核心能力理论强调企业的核心能力源于企业内部知识的培养和积累，核心能力会随着知识的开发、利用与更新等过程发生改变。

三、知识基础观

核心能力理论强调能力是构成企业竞争优势的基础，后续的研究发现，隐藏在能力后面的是企业所拥有的很难被竞争对手掌握和模仿的隐性知识以及与知识密切相关联的认知学习。Barney（1991）认为，形成企业竞争优势的独特资源是企业具有的难以交易和模仿的知识。知识基础观认为，企业是知识构成的集合体，企业具备的知识，尤其是隐性知识是企业核心能力的基础，而核心能力是企业竞争优势形成的知识体系。

Zollo 和 Winter（2002）认为，企业能力源于隐性经验的积累、显性知识的明晰化，以及知识编码活动的协同演化。隐性经验积累是指在企业日常运营过程中进行的不断修正的学习过程，显性知识明晰化是指在组织内集体讨论、任务总结及绩效评估活动中促进经验知识的明晰化，知识编码是指把明晰化的知识书面化后在组织内部传播。这三种机制的共同作用构成了企业能力，组织运营管理不断修正的动态过程即是企业能力的演化过程。基于知识基础观，企业要保持竞争优势的关键是知识的更新。因此，企业不仅需要增强当前知识的利用效率，还要获取新知识。

四、动态能力观

动态能力理论是对企业能力观的补充。能力学派核心能力观点的提出，虽然能解释企业拥有竞争优势的原因，但却因为"刚性"问题而无法应对快速变化的环境。动态能力的形成基于演化经济学。演化经济学运用社会学和生物学的方法研究经济的变迁，认为经济的进化同样存在着达尔文进化论的三个核心机制：多样性（异质）、遗传性（路径依赖）和自然选择（市场竞争和企业的成长与衰落）。因此，动态能力理论认为，能力的创新对于经济的进化尤为重要，能力的创新来自企业的不断学习，而企业的组织过程、特殊资产状况以及获得这些资源和能力的路径都有利于形成及维持动态能力（Tecce et al., 1997）。熊彼特认为，市场竞争的本质是创新竞争，而能力创新是企业利润的真正源泉。

动态能力的概念是由 Teece、Pisano 和 Shuen 于 1997 年在《动态能力与战略管理》一文中首先提出的。文章认为，动态能力是企业整合、构建或重构企业内外部能力来适应快速变化的环境的能力，管理过程（process）、位势（position）、路径（paths）是影响动态能力形成的重要因素。在动态能力理论发展过程中，学者们从不同角度定义了动态能力。Eisenhardt 和 Martin（2000）将动态能力定义为组织的惯例。Winter

(2003)将动态能力分为不同的阶层：第一层是零阶能力，是保证企业生存的能力；第二层是一阶能力，即企业应对变化的适应能力；第三层是二阶能力，即企业创造新能力的能力。广义的动态能力是指这三阶能力，而提及动态能力是高阶能力时仅指后面两阶能力。Zahra 等（2006）认为，组织在适应环境变化的过程中会产生三种能力：一是解决具体问题的能力，视为实质能力；二是应对环境快速变化的能力；三是改变、解决具体问题的能力，即改变实质能力的动态能力。在整个企业演化的过程中，企业能力的第一个层次是实质能力，第二个层次是动态能力。Cepeda 和 Vera（2007）则将组织能力分成企业赖以生存的运营能力和改变运营能力的高阶能力，即动态能力。

到目前为止，学者们对动态能力并未形成统一的认识，但这些对动态能力的界定反映出两个共同点：第一，都是要应对不断变化的环境；第二，都要通过一定的手段（资源和能力的重构、配置，组织惯例的调整，组织学习等）。因此，不同的学者也从不同的视角诠释了动态能力的理论模型。

（一）动态能力整合视角

整合视角是基于 Teece 的观点，从过程（pracess）、位势（position）、路径（paths）三个维度来分析动态能力，也称为3P模型。过程包括对企业内外部资源的整合、组织运营的动态学习过程和企业适应内外部环境变化的重构过程；位势是指企业现在所拥有的财务、技术、声誉和资源、行业及市场地位等，企业现在的位势会影响企业未来决策实现的程度；路径是企业的管理模式、实践模式、学习模式等在一系列历史事件基础上编码而来的规则或惯例，代表企业的历史，对未来可供选择的战略会有影响。Teece 等（2007）提出了动态能力的"三分法"，将动态能力分为感知、构建机会的能力，捕捉机会的能力，以及通过组合和重组组织资源来保持竞争优势的能力。

（二）动态能力学习观

Zollo 和 Winter（2002）认为，动态能力是组织通过学习获得的稳定的活动模式，组织通过动态能力能够系统地调整运营管理，进而提高组织绩效。Zollo 和 Winter 从经验积累、知识明晰和知识编码三类学习机制，探索式学习和利用式学习两种学习方式来分析组织知识的演化，以此为基础构建了动态能力形成和演化的模型。动态能力学习观将动态能力视为通过学习而获得的组织活动方式，认为动态能力是在变化的环境下所有组织都需要具备的共性能力。

（三）动态能力惯例观

Nelson 和 Winter（1982）认为，组织惯例是有序的、可预期的组织行为模式，组织惯例是企业的"基因"。Feldman（2000）认为，组织惯例与组织正式的规范和准则不同，也有别于组织中存在的非正式规则，是嵌入在组织过程中的以正式规则为准则的实际的行为模式。Eisenhardt 和 Martin（2000）将动态能力视为一种组织过程或战略管理惯例，企业通过这些惯例获取、释放、整合或重组其资源来适应市场变化，获得持续的竞争优势。Eisenhardt 和 Martin 认为，动态能力会因为组织所处的市场动态性的差异程度而有不同的表现。在适度的动态环境下，动态能力多以传统的组织惯例的形式存在，嵌入在具体的、稳定的组织流程和战略过程中，运营结果具有可预测性；在高度的动态环境中，动态能力则表现为经验性的、多变的模式，其运营结果具有不可预测性。惯例观认为，动态能力是构成竞争优势的必要但非充分条件，学习机制是促进动态能力演化的根本方式。

动态能力的研究秉承了组织能力的研究思路，多是基于演化经济学和卡内基学派的研究视角，强调的是惯例主导下的经验学习在能力形成过程中的重要性。Gavetti（2005）认为，过分强调能力演化的"向后看"（backward-looking）的经验主导逻辑，会在一定程度上忽视"向前看"（forward-looking）的认知逻辑。虽然关注经验主导逻辑能够很好地解释能力演化的连续性，但却忽略了其他的重要机制。以 Gavetti 为代表的动态能力演化的微观基础派强调认知逻辑在能力演化中的重要性。Eisenhart 和 Martin（2000）在研究组织动态能力演化的过程中发现了组织管理者在此过程中的重要作用。Adner 和 Helfat（2003）研究发现，动态管理能力的构成要素之一就是管理者的认知差异，而这恰恰体现了组织动态能力在管理者个体层面的反映。张晓军等（2010）以和谐管理理论为基础，认为应该从基于横向维度的认知和基于纵向维度的适应性两个维度来界定动态能力的内涵。Gavetti（2005）、邓少军和芮明杰（2009）以及张晓军等（2010）学者都认为，只有将能力演化的经验行为与认知行为有机结合起来，才能清楚地阐释动态能力的演化机制。

第三节 社会资本理论

最早使用"社会资本"一词的是 Hanifan，他在研究社会交往对教育和社会群体重要性时提到此概念，但并未对该词给出解释。首次正式提出社会资本并在社会学领域广泛使用的学者是法国社会学家 Bourdieu，他提出社会资本是实际的或潜在的资源的集合体，这些资源通过大家熟悉或认可的网络联系在一起（Bourdieu，1985）。Bourdieu 把资本分为经济资本、文化资本和社会资本，认为社会资本与其他资本相同，对其进行投资都是有回报的，而社会资本的不同之处在于社会资本是在后天人们的活动中产生的，并不是资源禀赋。

Coleman（1988）发表的《作为人力资本发展条件的社会资本》一文，将社会资本这一概念全面地引入美国社会学领域。Coleman（1988）认为，在解释人的行为时，应在金融资本和人力资本之外，引入社会资本的概念。Coleman（1988）认为，社会资本是个人所拥有的结构性社会资源，包括社会团体、社会网络和网络获取。社会资本具有不可转让性和收益共有性两个特质，即一个人拥有的社会资本很难转让给其他人，社会资本不是一种私人财产，而是社会关系网络的所有参与者共同行动才能表现出来的，所以对于其受益者具有公共物品的性质。

Bourdieu 和 Coleman 对社会资本的研究主要集中在个体层面和社会学领域，而 Putnam 将社会资本的概念全面引入经济学、政治学等领域。Putnam 将社会资本定义为一种组织特点，如网络、规范和信任等，社会资本同其他资本一样，具有生产性，可以利用它将不可能实现的目标变成可能。Putnam（1993）认为，造成意大利南北两地政府绩效差距的一个重要因素是社会资本的差异。Putnam 在其代表作《使民主运转起来》中提出，社会资本的关键因素是社会信任，而互惠的规范和公民参与的网络能够促进信任的产生。

Bourdieu、Coleman 和 Putnam 是社会资本理论发展过程中的旗帜性人物。其他的学者也从不同角度给出了其对社会资本的理解。Lin Nan 认为，社会资本嵌入在社会结构中,可以通过有目的的行动来获得资源,社会资本是根植于社会网络和社会关系之中的。Alejandro Portes(1995)认为,社会资本是处于网络中的个人动员稀有资源的能力,是从能力的角度来定义社会资本的。Fukuyama 认为,社会资本是群体成员间共享的非正式的价值观念、规范,有利于促进他们之间的相互合作。信任是人与人之间的润滑剂,有利于组织更高效的工作。

社会资本的载体是社会关系网络,而社会资本本身具有资本的特性,社会资本能够带来价值增值。社会资本强调的是嵌入性,即主体本身只有嵌入到某个网络中,他才能拥有社会资本。社会资本是一种嵌入的结果,会随着使用而不断增加。社会资本可以分为微观、中观和宏观三个层次。微观层次的社会资本指的是一种嵌入性资源的观点,是以某种关系形式存在的社会资本,例如地缘关系、亲缘关系、同事关系等。中观层次的社会资本是一种结构性资源的观点,强调的是网络关系的模式和特征,主要是以正式或者非正式的制度、组织惯例、规则等形式存在。宏观层次的社会资本是嵌入结构性资源的观点,所关注的是社会资本所在的网络和组织是如何嵌入更大的政治、文化、规范中的。宏观层次的社会资本是由宏观的社会环境、制度环境、法律环境等构成的。

而在社会资本研究领域,人们关注更多的是社会资本的二元论,即以社会为中心和以个人为中心。以社会为中心的代表学者是 Robert Putnam、Francis Fukuyama 等,将社会资本上升到社会层面,突出了社会资本的能动性特征。Putnam 充实了 Bourdieu 的社会关系网络的静态定义,提出了公民参与和合作的动态维度,继承了 Coleman 将社会资本看成公共产品的属性。美籍日裔学者 Fukuyama 在此基础上强调了社会规范的重要性,把社会资本的内涵集中到了群体价值和社会规范,认为社会信任很重要,将社会资本的规范锁定在必须能够促进群体的合作上。以个体为中心的代表学者是普林斯顿大学教授 Alejandro Portes、杜克大学教授 Lin Nan 等。Portes 认为,社会资本是拥有社会结构中成员身份资格的个体获得短缺资源的能力,这种能力存在于个体之间的变动着的关系中,社会资本是嵌入的结果。虽然他认为社会资本是个体获取资源的能力,但这种能力是个体嵌入关系网络中的结果。他将社会资本的嵌入分为理性嵌入和结构性嵌入。Lin Nan 将社会资本聚焦在个体有目的的行为中,期望在市场中获得回报的社会关系的投资。Ronald Burt 认为,社会资本是网络结构给网络中的行动者提供信息和资源的程度，提出了"结构洞"，将社会资本定义集中在个体利用社会关系获得发展机会的可能。Mark Granovetter 提出了弱联系理论，这个理论假设连接个体与其他社会圈子的桥梁往往是弱关系，其带来的信息是不可能在行动者所在的圈子里获得的，而往往这些信息对行动者是有用的。虽然个人中心和社会中心的社会资本理论都有其独特的理论视角，但随着研究的深入，两者逐渐达成共识。第一，社会资本是一种资源；第二，社会资本具有生产性和不可转让性；第三，信任、关系、网络和规范等因素是社会资本的重要组成部分。

社会资本理论认为，社会资本是嵌入在个体间或关系网络中的可得性资源，有效地利用社会资本可带来一系列积极的结果。Adler 等（2002）认为，社会资本可以为企业带来积极的结果，包括：第一，拓宽组织的信息来源，使组织获得更高质量、更加准确及时的信息；第二，社会资本所产生的影响力、控制力以及权力能帮助组织更好地实现其目标；第三，基于社会资本形成的社会规范和信念能增强网络成员间的凝聚力，进而降低对正式规范的依赖性。

第四节　认知基础观

认知基础观以认知心理学为基础，从管理者认知心理和行为出发，探求企业不同经营行为出现的原因。Albert Bandura 于 20 世纪 80 年代，在社会学习理论的基础上提出了认知理论，认为企业通过对组织内外部信息进行收集、筛选、吸收而实现认识自我和了解环境的目的，从而产生判断。认知基础观有两个基本的假设：第一，认知有限理性的假设，认为管理者的认知是有限理性的。此提法来源于 Simon 和 March，管理者决策所依据的外界环境不是纯粹外生的，而是管理者对环境的认知，管理者对环境的解释是企业对环境反应的中介（Kaplan，2011）。这种有限理性是因为管理者自身所处环境的复杂性，所能获取的信息是有限的，再者是因为人类自身对信息的认知能力是有限的，所以认知有限性受人们的认知行为有限信息和有限认知的双重约束（石盛林、黄芳，2017）。第二，认知的内在主义和外在主义假设。认知的内在主义强调的是个体对信息的加工，认为认知是由生物边界内的精神状态构成的，认知的内容能够汇聚在大脑中，因而聚焦在大脑内部。认知的外在主义认为人类的精神与外部环境有紧密的联系，精神的边界不局限在人的生物边界内，而应该扩展至外部环境中。

Walsh（1995）认为，企业认知源自管理者的认知模式，依赖于管理者的知识结构，还有管理者的思考方式。认知方式决定着企业相关信息如何被解释，并由此对决策和战略产生影响。认知基础观强调管理者是有限理性的信息工作者，通过广泛渠道、大量时间来吸收、处理和传播有关问题和机会的信息，管理者自身处理信息的有限能力阻碍了感知环境和解释信息的能力。因此，企业所处的环境的边界是由管理者的认知所决定的，管理者能动地影响和定义环境。管理者的不同心智模式（包括管理心智模式和共同心智模式），影响着管理者决策和战略的构建，而由此形成的战略和决策被组织解释并转化成组织行动，企业行动会给企业带来特定的市场定位、资源和能力，最终会决定组织的绩效和竞争优势。Schwenk（1995）认为，认知行为贯穿企业的整个战略管理过程，从分析、选择到实施，认知差异可以解释企业成长和企业绩效的差异。Narayanan 和 Kemmerer（2001）认为，战略的有效性和企业绩效主要取决于管理者对环境的精确感知，以及对环境、资源的正确解释程度。Nadkarni 和 Barr（2008）认为，情景性和自我审视是认知的两大特点，只有通过不断了解外部环境以及对自身资源条件做出评估，才能制订和调整行动方案。Eggers 和 Kaplan（2009）认为，基于环境视角进行决策的企业的认知方式必定会影响企业绩效的差异。

认知理论在环境感知及风险判断等方面研究被运用得较多。任旭林和王重鸣（2007）研究认为，认知机制通过认知偏差或者风险感知影响机会评价，从而会影响创业者对机会的评价。尚航标和黄培伦（2010）认为，认知理论研究是基于环境影响企业战略和决策行为的前提，认知行为始于对外部环境的了解，通过判断企业所处的环境带来的机会和风险做出决策，最终会通过企业行为反映企业绩效。卫武等（2013）利用认知理论分析企业对利益相关者压力的反应，提出紧迫性和可管理型模式。

认知基础观强调的是高层管理者在战略制定过程中的认知作用，从战略管理的视角，学者们认为管理认知在产业结构、资源基础与企业的战略行为三者之间发挥桥梁作用。认知基础观具有三个功能：一是实现信息搜索功能。管理者依靠认知来对外部复杂的信息进行筛选。二是理解信息的功能。管理者对信息的理解程度决定了企业的战略选择和行动（Walsh，1995），管理认知决定了信息将如何被解释。三是行动逻辑的功能。认知基础观将管理认知与企业行动联系起来，形成了其独特的因素和与行动的因果联系（Weick，1979）。管理者有何种思维模式，就会形成何种战略决策行为。基于认知基础观会发现，高层管理者的管理认知在环境与企业战略决策中起到非常重要的作用（Eggers and Kaplan，2009）。

（一）管理认知与战略决策行为

Walsh（1995）认为，管理认知是企业战略决策者着手战略选择时运用到的一组知识结构。组织的战略决策是立足于必要的信息和决策逻辑之上的。基于有限理性的视角，管理者的认知会影响管理者对环境的关注、理解和反应，进而影响到企业的决策行为。管理认知从以下三个途径影响企业战略决策：一是影响信息的搜寻。管理认知是管理者感知环境要素的标准，管理者利用管理认知来审视、聚焦信息以及判断该信息是否与战略行为有关（Nadkarni and Narayanan，2008）。二是影响信息甄选。管理者对信息的解释方式是建立在管理认知基础上的，信息如何被解释将会决定信息是否被归入战略决策的范围之内。三是影响行为的选择。管理认知能将决策要素间的复杂联系简化，形成专有的要素与行动之间的路径联系。管理认知会形成认知惯性，管理者的战略选择模式会为以往的行为模式所束缚，进而会阻碍新知识的吸收以及新战略的实施。因此，管理认知的变化决定着企业战略的变化，在动态的环境下，如果说组织能够接受更多的因素，则其能获得更大的适应性。Nadkarni 和 Barr（2008）认为，管理认知在环境与企业决策之间扮演着完全中介的角色。Gavetti 和 Levinthal（2000）认为，管理认知作为推进组织能力形成的主要因素，会影响企业的行为支配逻辑，形成认知惯性，随着组织惯例的不断增减，进而形成组织能力。

（二）管理认知与组织能力

Gavetti 和 Levinthal（2000）认为，先前对组织能力的研究是基于演化经济学的视角，过分强调"向后看"的经验主导逻辑，而在一定程度上忽略了"向前看"的认知主导逻辑的影响。强调基于经验学习的惯例视角的能力研究，能够更好地阐释能力的连续性特征，却忽略了认知逻辑在能力演化过程中的作用。卡耐基学派认为，能力的演化应该是基于惯例和基于认知这两种行为逻辑交织在一起的结果（邓少军、芮明杰，2009）。Gavetti（2005）认为，要想更完善地理解组织能力的演化机制，就必须将基于惯例的行为逻辑视角和基于认知的行为逻辑视角进行整合。认知视角能够使行为主体更有远见，拥有更多的选择，从而更有可能找到更好地适应外部环境变化需要的组织能力的演化路径。

基于管理者经验的心智表征（mental representation）会影响组织具体能力发展的行动选择，这些心智表征会在演进过程中不断地提取、编码为组织的经验规则，从而演变为组织的某种特定的能力。因此，在演变的过程中，由于管理者的注意力聚焦不同，会形成能力演化的不同路径。管理者在组织中所处的不同的层级会影响其管理表征的选择，从而影响组织能力的演化。另外，管理者认知还受到外部环境的影响，管理者的认知必须与环境变化相适应，管理者才有可能对组织所处的环境产生新的认知，发展组织能力以适应外界环境的变化。

学者们提出了不同视角的组织能力演化的微观认知模式。Gavetti（2005）提出的类推（reasoning by analogy）模式，强调的是管理者遇到新的问题时，依据管理者自身熟悉的情境去处理这些新的问题。Gavetti（2005）认为，类推模式是管理者战略决策过程最普遍的一种认知模式。Gavetti（2005）研究发现，类推模式能否帮助管理者在复杂的环境中获得有利的位置，受到管理者以往经验的深度、宽度以及决策方案的翔实程度的影响。组织能力的演化受到组织一系列决策和行动的影响（邓少军、芮明杰，2009）。心智试验（mental experimentation）模式（Farjoun，2008）是利用溯因推理方式来进行心智试验，针对要解决的问题不断地制订和测试相关的假设方案，通过一系列的心智试验，最终找到解决待决策问题的最合适的方案。Bingham和Haleblian（2012）提出了由先于行动的认知模式和紧随行动的归因判断组成的解释模式，即管理者在行动之前会根据管理者的经验、直觉和远见勾画出认知模板来指导组织的行动，这种认知模板不但为组织能力发展提供了有利条件，而且增加了管理者的心理准备。随着时间的推移，超出认知模板范围的情况不断增多，基于归因判断，管理者会调整原来的认知模板。Tripsas等（2009）提出了认同（identity）模式。认同模式是基于组织认同之上的，组织认同是指组织成员、利益相关者对组织核心观念的相同感知（Hsu and Hannan，2005），组织认同在组织中起旗帜的作用，能够引导组织能力的演进、知识的获取和组织管理的形成。

第四章　高层管理者关系影响新产品开发能力的案例研究

前面章节的文献综述和理论回顾为本书的后续研究奠定了基础。本章以此为理论背景，针对本书的核心研究问题，选取6家典型企业进行探索性案例研究。通过单个企业案例内分析和企业间跨案例比较分析，探寻高层管理者关系如何影响企业新产品开发能力，构建高层管理者关系影响新产品开发能力的初始概念模型。

第一节　案例研究方法概述

案例研究方法作为一种重要的社会科学研究方法在构建有中国特色的管理科学理论体系中的有效性已被证实（苏敬勤、崔淼，2011b）。Yin（1984）将案例研究定义为一种经验主义的探究（empirical inquiry），认为案例研究关注的是现实生活背景中的暂时现象，在这样的研究情境中，现象本身与其背景之间的界限并不明显，因此，需要大量运用事例证据来开展研究（余菁，2004）。案例研究的研究对象是现实社会现象中的事例证据和变量间的相互关系，重点在于回答"为什么"以及"怎么样"的问题（Yin，1994）。案例研究的目的是生成新理论和验证现有理论，而往往在验证现有理论时能发现一些新观点，进而扩展或缩小已有理论的适用范围（项保华等，2005）。相对于问卷调查法、实验法等其他社会科学研究方法，案例研究有利于摆脱现有文献和过去经验的束缚，更适用于全新的社会研究领域和构建新的理论框架（Eisenhardt，1989），使研究者在对研究对象进行深入调查的同时，建立起研究想象与复杂社会背景之间的联系。因此，当研究问题聚焦于探索构念间的深层作用机理时，宜采用案例研究方法（黄继生，2017）。

一、案例研究方法的分类

案例研究根据其研究目的不同，分为探索性案例研究、描述性案例研究、解释性案例研究和评价性案例研究（Eisenhardt，1989；Yin，1994；孙海法等，2004；刘雪峰，2007；苏敬勤、崔淼，2011b；黄继生，2017）。不同案例研究方法的目的和侧重点各有不同，见表4-1。

表4-1 基于分析目的的案例研究方法分类

方法类型	研究目的	研究侧重点
探索性案例研究	尝试寻找对事物的新洞察，或尝试用新的观点去评价现象	侧重于提出假设和理论升华
描述性案例研究	对观察对象的实践活动做出准确的描述与说明	侧重于描述实际情况
解释性案例研究	运用已有理论建立若干理论假设，对相关性、因果性的问题进行考察	侧重于理论检验或验证所提出问题
评价性案例研究	对研究案例提出自己的意见和看法	侧重于对特定事例做出评判

资料来源：根据余菁（2004），苏敬勤、崔淼（2011b），黄继生（2017）的研究整理。

案例研究根据研究案例的数量不同，分为单案例研究和多案例研究。单案例研究用于现有理论的某个或某一方面的假设研究，也可以用于对某一独特的或者新出现的科学现象通过特例分析进行研究（毛基业、张霞，2008）。单案例研究因为结论的不可推广性，不适用于构建新的理论架构，因此，构建新的理论架构需要用多案例研究来实现研究过程。多案例研究遵循的复制法则为提出新理论假设的合理性提供了有力证明。此种研究方法可对每个案例进行重复检验。当多个案例同时指向同一结论时，则案例研究的效度得到显著提高，同时也增强了研究结论的普适性。多案例研究首先基于每个独立完整案例的案例内分析，之后是进行多案例间的比较，分析每个案例之间的区别和联系，对所有案例反映的情况进行总结归纳，以验证其假设。

本研究的目的是探讨高层管理者关系影响企业新产品开发能力的影响机制，是在已有研究的基础上对现有研究进行补充和扩展，适合做探索性案例研究（Shavelson and Towners，2002）。本研究运用多案例研究方法，构建新的理论构架，总结和体现出变量之间的关系，为后续的实证研究做准备。

二、案例研究方法的步骤

为了确保案例研究结论的信度和效度，案例研究过程要遵循严格的研究程序和使用科学的研究工具，这也是案例研究规范性的体现。在各类案例研究方法中，Yin（1994）和 Eisenhardt（1989）的案例研究方法是为广大学者所推崇的研究方法之一（毛基业、张霞，2008）。Eisenhardt（1989）将理论构建型的案例分析执行步骤分为三大阶段、八个步骤。第一阶段是准备阶段，包含启动、案例选择及工具和方法选择三步；第二阶段是执行阶段，包含资料收集、资料分析和假设形成三步；第三阶段是对话阶段，分为文献对比、结束研究两个步骤（Eisenhardt，1989）。Yin（2003）在 Eisenhardt 的研究基础上将八个步骤缩减为研究设计、数据收集准备、数据收集、数据分析和撰写报告五个步骤，其研究框架与 Eisenhardt 提出的研究框架是一致的。Eisenhardt 认为，理论构建的案例研究应尽量没有理论预设，以免对案例研究的发现造成偏见。但 Yin 认为，探索性案例研究需要构建一个大致的研究框架，提出可能的前导观念，有助于提高案例研究的效率以及有效性。

本研究采纳 Yin（2003）的建议，对已有研究进行梳理和分析，形成理论预设和研究构思，根据表 4-2 归纳的研究步骤和具体环节，进行案例研究设计、数据收集和数据分析，探讨高层管理者关系如何影响企业新产品开发能力，并形成初始研究命题。

表 4-2 案例研究的步骤

研究步骤	研究内容	研究目的
启动	确定研究问题； 不限于理论或假设	聚焦研究工作； 为构念测量提供基础； 保持理论构建的灵活性
案例选择	选择特定总体； 进行理论抽样，而非随机抽样	限制外部变异，提高外部效度； 聚焦有理论意义的案例
工具和方法选择	采用多种数据收集方法； 包含定性和定量数据； 多名观察者参与	运用三角证据来强化理论基础； 综合观察数据； 集思广益
资料收集	数据收集和分析反复进行，并整理现场笔记； 运用灵活的数据收集方法	即时分析，发现问题及时对数据收集方法进行调整； 允许观察者充分利用即将出现的研究主题以及案例的独特性
资料分析	案例内分析； 案例间分析，寻找适合所用案例的理论框架	熟悉数据，初步构建理论； 使研究者摆脱最初印象，通过多种视角来观察证据
假设形成	运用证据迭代对每一构念进行持续复核； 跨案例逻辑复现； 探寻变量关系背后的原因证据	精炼构念定义、效度和可测量性； 证实、拓展和精炼理论； 建立内部效度
文献对比	与观点矛盾的文献做比较； 与观点类似的文献做比较	建立内部效度，提升理论层次并强化构念； 提升普适性，改善构念定义，提高理论层次
结束研究	理论饱和后停止案例分析	边际效益变得很小时，结束研究

资料来源：根据 Eisenhardt（1989）、刘雪峰（2007）、黄继生（2017）的研究整理。

第二节 研究设计

一、理论预设

竞争优势综合决定论认为,竞争优势的来源应基于能根据组织外部环境变化来整合组织行为的动态能力。新产品开发能力是动态能力的一种表现形式。新产品开发能力是组织在新产品开发过程中形成的能够持续、有效地协调成员间的交互和沟通,实现整合新产品开发所需的特定知识的能力。企业的生存与发展依赖于新产品开发。但是,对众多企业而言,依靠企业自身的力量进行新产品开发,提高新产品开发的速度和市场化进程是相当困难的(袁喜娜、薛佳丽,2016)。当现有企业创新模式改变为开放式创新,企业间的交互作用对新产品开发的影响不言而喻,高层管理者关系作为企业与其他组织建立联系的桥梁,是否能够促进企业新产品开发能力的提升呢?

高阶理论认为,企业战略选择是高层管理者个性和行为的反映(Hambrick and Mason,1984)。管理者关系所带来的社会资本能够提升企业资源获取能力,管理者与组织外部其他个体所构建的关系网络是管理者掌握组织外部信息的重要来源,强化了组织获取、处理外部信息的能力,能够为企业高质量的信息决策提供信息保障。Moran(2005)发现,管理者的商业关系能够帮助组织获得其他竞争对手并未发现的客户需求,从而能发现和把握机会。Mosakowski(1998)认为,管理者的社会资本能够影响企业的战略决策,进而影响企业获得竞争优势。

现有基于高层管理者战略决策的相关研究发现,学习过程和管理者认知的不同决定了高层管理者在决策中所体现出的不同特点。随着认知理论在研究中所占地位的不断增强,学者们提出了社会认知和自身认知学习是高层管理者在战略决策尤其是创新创业战略决策中决策差异性的主要原因。从认知理论视角剖析高层管理者决策,主要包含四个方面的内容:管理者如何过滤各种经验带来的新信息;个人及其社会群体在不同时间拥有的不同经验对战略决策有何影响;管理者如何从过去的行为中学习;如何解释环境结构和其他人的行为并进行认知学习及调整信念的贝叶斯认知学习（苏敬勤、崔淼，2011a）。随着研究的深入，学者们将资源基础观引入到决策过程中，并提出了资源—能力—认知—决策的逻辑演化路径框架（Shane and Venkataraman，2000；苏敬勤、崔淼，2011a）。

战略选择为本研究剖析高层管理者关系怎样影响企业新产品开发能力提供了研究视角。认知基础观主张管理者认知行为贯穿整个战略管理过程，认知差异决定企业行为差异（Schwenk，1984）。高层管理者关系是高层管理者获取外部信息的渠道，影响其对资源和机会价值的判断。创业活动是基于有价值的创业机会的发现和利用（Slevin and Covin，1997）。高层管理者对机会价值的判断会直接影响企业的战略选择。创业导向关注的是企业创业过程中的类型和方法，实践与决策的风格，以及创业中的创新内容（Lumpkin and Dess，1996）。创新是创业导向的核心特质，以创新为导向的企业会投入更多的资源在新产品开发、员工销售培训、市场调研及客户信息系统的完善上。Hambrick 和 Schecter（1983）发现，高创新型企业的新产品开发和市场扩张在企业经营行为中占比较高。新产品开发是一项极为重要的战略性活动（Sherman et al.，2005）。产品或技术的特征、战略特征、企业过程特征或市场特征等是不同企业在新产品开发成功率上差别化的主要原因（Sherman et al.，2005）。考虑到新产品开发能力是指企业有目的地重构组织产品组合的一种组织惯例（Danneels，2008；Subramaniam and Venkatraman，2001），因而创业导向型企业所呈现出的创新氛围、积极承担风险的意愿以及先于竞争者的行动态势能够为新产品的开发提供平台。

因此，本研究以"资源—战略选择—能力"为基本框架，基于企业能力理论、社会资本理论和认知基础观来阐释高层管理者关系所带来的信息、信任对管理者认知改变最终影响企业战略选择和资源配置，提出本研究探索性案例的理论预设模型，如图 4-1 所示。

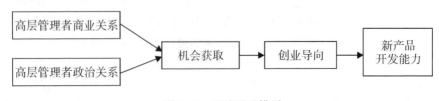

图 4-1　理论预设模型

二、案例选择

多案例研究相对于单案例研究能够提高研究的效度（Eisenhardt，1989），提升研究结果的普适性（Johnston et al.，1999），可以更全面地反映案例的不同方面，有利于形成更完整的理论（陈国权、李赞斌，2002）。因此，本研究通过多案例研究方法来构建高层管理者关系如何影响企业新产品开发能力的初始假设，通过反复验证以增加探索性案例研究的有效性。

Eisenhardt（1989）认为，案例研究的样本选择不必遵循随机抽样的原则，应该遵循理论抽样的原则，所选案例是基于理论发展的需要。案例研究的样本选择与研究的对象和需要回答的问题有关，若案例本身足够具有典型性和特殊性，则能保证良好的信度和效度。根据本研究的研究主题，依据跨案例比较研究对案例选择的理论抽样的原则，本研究在案例选择时考虑了以下因素：第一，本研究选取的案例企业成立时间应该是大于等于 4 年。因为企业新产品开发能力具有时间和路径依赖性，企业在成立一段时间后才能积累形成有关产品创新方面的动态能力。全球创业观察将成立 42 个月以内的企业视为新企业，即成立时间小于 3.5 年。为了符合成熟企业的特征，本研究选择的企业为成立时间大于等于 4 年的企业。第二，本研究所选取的企业的所在行业包含制造业和服务业的不同行业的企业，案例企业具有一定的行业分散度，在一定程度上保证了案例企业的代表性。第三，案例企业拥有自主经营的产品或服务，具有创新能力，并在其所在市场具有一定的竞争力。第四，为了提高案例研究的信息丰满度，本研究不是随机的案例选择，而是兼顾了信息的可得性和企业的代表性。Eisenhardt（1989）认为，选择 4～10 个案例可为跨案例研究提供良好的基础，在决定案例企业的数量时也要考虑理论抽样的需要，当新增的个案无法提供新知识时结束增加案例。所选择的样本要具有典型性和代表性，能不断重复或充实正在构建中的理论（Yin，2003；Eisenhardt，2007）。基于此，本研究最终选择 6 家企业作为多案例研究的案例企业。

三、数据收集

本研究的数据收集方法有访谈法、实地观察法、档案资料收集法等，为数据分析提供多种来源的数据进行相互印证打好基础。在数据收集过程中，遵循 Yin（1994，2003）的建议，以提高研究的信度和效度。

1. 为提高研究效度，多渠道收集数据

本研究的数据来源包括：①半结构化的访谈。访谈是本研究的主要数据来源。要求受访公司选择直接参与公司经营管理的高层管理者接受访谈。受访者的基本情况见表4-3，他们均在企业中担任高层管理者，且基本从企业成立至今一直参与企业的经营管理工作。在对现有文献进行梳理的基础上，笔者提出了初步理论构架，设计了访谈提纲，在2015年年底到2016年3月间对6家企业的高层管理者进行半结构化的深度访谈。为了确保被访人员对企业相关情况的熟知程度，所选择被访谈的人员在企业的工作时间均在4年以上，并确保是企业高层管理者，保证信息获取的准确性。访谈时间持续2～3小时，在征得受访者同意后对访谈过程进行录音，并在24小时内进行文字转录。在访谈的过程中，保证至少有2人参加，一人为主访谈者，一人为辅访谈者并负责记录笔记。对于一些问题，主访谈者会根据情况进行追问以便进行信息的深度挖掘。在访谈过程中，笔录和录音同时进行，防止信息遗漏、失真，强化证据之间的相互印证。访谈后，后续又通过电子邮件、微信等方式与访谈人员进行再次沟通，以补充所需信息。②企业内部文件收集。在访谈过程中，收集到企业内部资料共5份，这些资料反映了企业发展的历史沿革、一些重要事件的顺序，以及企业产品和业务的发展现状与过程。③一些非正式的信息获取渠道，如企业内部参观等。④网络渠道获得，包括搜集公司的网站、微博上的相关信息，以公司名称为关键词搜索的新闻报道，高层管理者的朋友圈等社交平台发布的相关信息与资料。访谈资料、内部资料以及网络资料的结合使用，形成研究数据信息的交叉验证，以实现质性研究数据检验的"三角验证"。

2. 为提高研究信度，建立案例研究资料库，记录和整理数据资料

案例研究资料库包含案例研究的准备资料、笔记、录音资料、从企业收集到的文件资料、网络资料、访谈企业后生成的文字记录和分析材料等。对于每个案例的研究资料的收集均包含以下相关步骤：在访谈前，通过网页搜索、专家咨询、观看宣传片等方式获取企业更全面的相关信息，全面了解企业及其所在行业的相关情况，并通过文档归集和数据提炼形成前期数据库；在访谈结束后，及时对访谈内容进行整理，形成录音文稿、访谈纪要，仔细整理和完善调研笔记中所遗漏的内容，并将所有资料统一归存数据库以备后续之用。

3. 建立证据链

本研究根据 Yin 提出的分析推广逻辑来保证研究的信度与效度。首先，依据案例数据，构建证据链，以发现其中的因果关系和逻辑机制。其次，在此基础上对其他案例进行复制，以检验初始案例研究结论在这些复制案例中的适应程度，保证研究效度。在案例收集过程中，鼓励管理者讲出企业真实的经营状况，避免被访者存在的潜在偏差，并使用广泛的内部资源和观察数据对访谈数据进行补充，以验证企业提供的信息是否准确。对所有案例资料的出处都表明了资料来源和过程，见表 4-3。为了尊重受访者和受访企业，本研究对相关信息进行了匿名处理。

表 4-3 案例资料来源

企业	访谈地点	深度访谈时间/小时	受访者	受访者职位	就职时间	获取资料类型
A	办公室	2.5	A 经理	董事长	企业创立至今	访谈资料、内部资料
B	咖啡厅	3	B 经理、G 先生	总经理、合作伙伴	企业创立至今	访谈资料
C	办公室	1.5	C 经理	经理	2000 年至今	访谈资料、内部资料
D	摄影门店	1.5	D 经理、H 女士	总经理、店面负责人	企业创立至今	访谈资料、内部资料
E	办公室	2	E 经理、L 经理	董事长、生产总监	企业创立至今	访谈资料、内部资料
F	办公室	1.5	F 经理	总经理	企业创立至今	访谈资料

四、关键构念的识别与描述

本研究依据现有研究中对高层管理者关系的经典概念来提取其在各个企业中的表现。高层管理者关系是企业高层管理人员愿意花时间和精力建立与维护的私人关系（Peng and Luo，2000）。Peng 和 Luo 将管理者关系分为两类：一类是与其他企业，包括供应商、客户和竞争者之间建立的商业关系；另一类是与政府官员建立的政治关系。本研究借鉴 Peng 和 Luo（2000）、郭海等（2013）、Gao 等（2017）的研究，在高层管理者关系提取中依据商业关系和政治关系两个视角，分别从重视程度、联系频度和信任程度三个特征来提取高层管理者关系的类别和现实表现。高层管理者的商业关系从与客户、供应商和商业伙伴间关系的重视程度、联系频度以及相互信任三个维度，高层管理者的政治关系从与各级政府以及行政管理部门工作者间关系的重视程度、联系频度以及相互信任三个维度来考察各个案例企业的高层管理者关系特征。

新产品开发是企业利用资源和能力创造新产品、改良旧产品的过程（Cooper，2003）。本研究所关注的是企业产品创新层面，即相对于企业范围内的新产品，包括对现有产品某个维度或者多个维度的改进就是本研究关注的新产品开发。在本研究中，新产品开发能力是企业有目的地重构组织产品组合的一种组织惯例（Danneels，2008；Schilke，2014）。Eisenhardt 和 Tabrizi（1995）认为，关注产品试验，研发产品原型多就是企业产品开发能力的体现。Woschke 和 Haase（2016）认为，新产品开发能力等同于创新能力。因此，本研究在衡量新产品开发能力时，结合 Eisenhardt 和 Tabrizi（1995）、Schilke（2014）、Woschke 和 Haase（2016）的文献，考虑企业内部产品研发的重视程度、产品研发的频度、产品产出、创新惯例等因素。

机会是通过新的方式，为达成新的目标而形成新的产品、服务、原材料、市场和组织行为的状态（Eckhardt and Shane，2003），是改善现有的产品或服务，或者在不饱和市场下模仿有利可图的产品或服务（Singh，2001），是其他人不知道或其他人未加以利用的获利可能（林苞，2013）。机会获取是组织对机会的追求和快速响应，并利用机会来实现增长的能力。本研究在机会获取的提取中，借鉴 Li 等（2014）的文献，从机会识别和机会捕捉能力两个方面考虑企业的机会敏感性，对机会的应变能力以及整合资源的能力方面的现实表现。

企业创业导向的内涵源于创业型企业。Miller（1983）提出创业型企业的概念，将其定义为致力于产品市场创新和风险事业创建并通过超前行动来击败对手的企业，并认为可用创新性、超前性、风险承担性三个维度来描述创业型企业。因此，拥有创业导向的企业会表现为具有创新性、风险承担性和先动性。本研究在创业导向的提取中通过企业新进入、对待风险的态度，以及相对行业内其他企业的领先程度这三个方面来实现。

五、数据分析方法

案例研究的核心是数据分析（Eisenhardt，1989），数据分析过程是保证案例研究内在效度的重要环节。多案例分析分为案例内分析（within-case analysis）和案例间分析（cross-case analysis）两个部分。案例内分析是将单个案例作为独立的整体系统地进行分析；而案例间分析是在单个案例分析的基础上对所有的案例进行统一的抽象和归纳，得出更精确的描述和解释（Eisenhardt，1989）。因此，本研究的多案例分析包含案例内分析和案例间分析这两个部分。

首先，对每个案例进行案例内分析。运用内容分析法（Kassarjian，1977；Strauss，1987）对不同来源的数据进行汇总、提炼和分析。第一，将各类案例资料文本化，并进行汇总，形成整体性的文字材料；第二，对形成的文字资料进行编码以识别核心构念并进行分类，在此基础上提炼出研究主题；第三，利用表格对涌现出来的主题进行分析，进而探讨不同主题间的内在联系。资料分析和编码由包括笔者在内的两名研究人员进行。首先，共同对一个案例进行编码，设计编码方法。其次，进行分工，对其余的案例进行编码。最后，再相互对编码后的数据进行校对和修改。编码时，主要以本研究所涉及的主题和构念为参考依据，最后归类表格以高层管理者关系、机会获取、创业导向、新产品开发能力作为划分依据。初步编码总共获得1060条条目，剔除148条无效条目，得到了912条一级条目库。进一步编码获得高层管理者商业关系相关条目208条，政治关系相关条目76条，机会获取相关条目161条，创业导向相关条目271条，新产品开发能力相关条目196条。在编码过程中，若发现不同来源的数据不一致,本研究通过与被访谈人取得联系,对数据进行确认与修改。总的来看,不同来源的数据呈现出较高的一致性。

接下来,在单案例分析的基础上进行跨案例的比较分析。对6个案例汇总后的信息进行比较、归纳、总结,以解释高层管理者关系、机会获取、创业导向、新产品开发能力等变量之间的相关性与因果逻辑,提出本研究的初始命题。

为了对现有理论进行扩展与精炼,本研究在案例分析过程中采用分析性归纳的方法(Glaser and Strauss,1967)。Gressey 认为,分析归纳的步骤为:首先,对要解释的现象进行定义,提出这个问题的假设解释。然后对第一个案例进行分析,看所提假设是否与该案例的事实相匹配,如果两者不符,要么修改假设,要么对要解释的现象进行重新定义以排除这个案例。经过对少数案例进行分析之后,假设逐步变得稳定,依旧按照这个步骤进行,直到建立起一个一般的理论关系,最后验证新得出的理论的适用程度(刘雪峰,2007)。本研究基于此过程,分析了第一个案例,并将结果与所提理论模型进行比较,然后根据第一个案例的结果对理论模型进行调整,后续案例的分析也是重复此过程,比较案例间的异同,找到一个与所有案例数据相匹配的理论框架,从而得出假设命题。

第三节 案例企业简介

本研究所涉及的 6 家案例企业的基本情况见表 4-4。依照案例研究的惯常做法,为了保密,对企业进行匿名处理,用字母和其所处行业来表示(Yan and Gray,1994)。

表 4-4 案例企业基本情况

企业	成立时间/年	员工人数/人	主要产品和服务范围	主要市场
A	2009	近 300	建筑装饰五金件	国际和国内市场
B	2012	45	教育咨询培训	国内市场
C	1980	800	金属、橡胶气门嘴及其零配件	国内和国际市场

续表 4-4

企业	成立时间/年	员工人数/人	主要产品和服务范围	主要市场
D	2007	25	孕妇、婴儿、儿童摄影	区域市场
E	2005	近 400	安保类系列产品	国际和国内市场
F	2007	8	集成电路设计服务	国内市场

一、A 五金件加工企业

该企业成立于 2009 年，总部位于福建厦门，有员工近 300 人。A 公司是全球著名的建筑五金件生产公司。企业产品主要包括门控系列产品、门窗幕墙系列产品等。产品远销欧美以及东南亚等地区。企业先后被评为"国家高新技术企业""厦门市质量放心企业"，企业拥有的产品品牌荣获"福建省著名商标""福建省建设科技成果推广项目"等称号。公司坚持产品技术革新以及品牌创新的经营理念。

二、B 教育咨询培训企业

该企业成立于 2012 年，位于陕西西安，有专职员工 45 人，兼职员工 50 人左右。企业主要为高考考生提供服务，其业务领域主要包含高考的政策咨询以及职业生涯规划、志愿填报指导等咨询类业务，文化教育培训类业务以及高中与高校的对接平台构建业务。企业是典型的合伙制企业，30% 为总经理个人持股，单倍投资，参与企业经营管理；40% 为外来入股，双倍投资，不参与企业的经营管理；剩余 30% 留给核心员工认购。企业的核心业务目前是文化教育培训，有自己的培训学校。学校目前拥有五大校区，开设了美术、播音主持、音乐等艺术类高考专业课及文化课辅导，是陕西目前开设专业全、校区辐射范围广的综合性教育培训机构。

三、C 轮胎配件加工企业

该企业 1980 年创立于台湾，1990 年在福建厦门成立分公司，全球范围内拥有包括厦门分公司在内的 3 家分公司。厦门分公司有员工近 800 人。目前产品的产能是全球最大的，品类也是全球最全的。企业产品包括各种金属和橡胶气门嘴及其零配件等。企业凭借其产品荣获米其林轮胎认证中国地区唯一合格供应商、普利司通指定优良合格供应商的称号。产品远销欧美、非洲等 30 多个国家和地区，国内市场占有率为 35%，全球市场占有率达 10% 以上。

四、D 儿童摄影企业

该企业成立于 2007 年，位于陕西咸阳，目前拥有两家工作室和一家店铺，共有员工 25 人。企业成立之时，它是咸阳第一家针对 12 岁以下儿童的摄影工作室，现在是咸阳儿童摄影行业领军企业。企业现有业务包含孕妇照、出生照、满月照、百日照以及儿童照的摄影。在企业经营过程中，该企业不断地与商业伙伴进行业务合作，将企业的业务领域扩展到了模卡、演出摄影等领域。企业未来的目标为增加店铺数量，覆盖整个咸阳地区市场。企业在经营过程中坚持"顾客是朋友"的理念，为顾客提供最合适的服务。

五、E 工业锁加工企业

该企业成立于 2005 年，位于福建厦门，是一家集研发、生产和全球营销服务于一体的高新技术企业。企业建筑面积约 3 万平方米，有员工近 400 人。企业拥有两大类产品：工业锁系列产品和塑料类工业用品系列产品。公司连续 4 年被评为"厦门成长型中小企业"，企业逐步成长为中国最专业的安防锁具综合服务提供商。企业各类产品销往全球 80 多个国家和地区，产品品牌被评为"福建省著名商标"。作为创新型科技企业，公司的研发团队每年完成 200 多个新项目，拥有 50 多项国内专利和 6 项国际发明专利。企业旨在为安防领域提供高端的产品和一流的服务。

六、F 集成电路设计生产企业

该企业成立于 2007 年，位于陕西西安，在微电子行业中属于规模较小的企业。企业有员工8人。企业的产品主要是集成电路,包含集成电路的定义、设计和销售,生产环节是外包的。集成电路产业是高度市场化的产业,市场竞争激烈。企业的产品是为通信运营商的通信基站提供4G模块。企业现在的产品精确度在行业内能达到较高水平。企业年均出货量能达到160万颗粒,在行业中算产量中等。

第四节　案例数据分析

本节将对各个案例企业数据进行初步分析,对每个案例的高层管理者关系是如何影响企业新产品开发能力的过程进行定性的数据分析,形成结构化的数据信息,以便进一步深入分析。

一、单案例分析

(一) A五金件加工企业

A企业在创业至今的10年时间里,注意与供应商、客户、合作伙伴和政府间关系的维护。A企业总经理在创业初期从事的是五金建材的销售,在10年内完成了从销售企业到生产企业的转变。A企业总经理一贯倡导做企业如做人一样,企业是企业家特质的一种外显。

A企业的主要客户是团体客户,多数是地产开发商。企业的产品针对个体客户的很少,个体客户主要是对装修有自己的独特需求,需要将原来的五金件换新的定制化五金件的客人,对企业来讲就是定制化产品。当A企业总经理谈起与供应商、客户以及合作伙伴企业间关系的时候,他说:"我们产品面对的主要是团体客户,也就是开发商,我们会尝试着与开发商建立一定的关系。"虽然A企业总经理一直强调自己企业与开发商之间的关系不对等,但是也非常珍惜能与开发商之间建立联系的机会。A企业重视与客户的联系,客户的需求为A企业提供了更多的新产品开发的机会。比如,顾客有个项目,要做窗户的改进,要研究一个新产品,但是新产品的价格非常高,企业通过与顾客不断的联系,了解顾客的需求,集中研发，成功地开发出了这个产品。虽然这是个定制化的产品，但是却提升了系列产品的防止下垂的性能。这种定制化的产品研发能够提升企业在短时间内创新的能力。A企业总经理也重视与行业协会、同行业企业管理者间关系的维护，他会时常参加一些行业协会的会议，出席同行业企业的周年庆晚会，并在朋友圈转发同行企业上市的恭贺消息，重视与商业伙伴间日常关系的维护。

对于政府的作用，A企业总经理还是较为肯定的，在企业的整个发展过程中，政府对企业提供了一定帮助。在企业刚刚转型为生产加工类企业时，企业产品急需得到市场接受和认可，此时，政府将企业商品商标评选为"福建省著名商标"，这个荣誉的获得为企业成功转型为生产加工类企业增加了信心。A企业总经理描述说："当时国内就一家，这个荣誉增加了我出去宣传的信心，现在想起来都觉得是振奋人心的，因为当时获得著名商标的企业还是非常少的。"另外，因为企业的主要客户对象是房地产商，而政府与房地产商的联系会比他们企业自身与房地产商的联系要多，因此，可以通过政府官员的私交与客户企业建立联系的桥梁。"如果与某个政府官员私人关系好，就可以请他出面帮我们与开发商连线，帮助我们与客户之间建立联系。"此外，政府现在也在利用一切机会帮助本土企业的发展，一些大型的、重要的市政设施的建设，政府也积极鼓励、促进本土企业承担建设，这也为A企业的发展提供了更多的机会。政府现在倡导用本地企业的产品，促进本地经济发展，所以在金砖会议、厦门地铁等项目上就优先考虑使用A企业的产品。政府可以促进企业与开发商的直接对接，扩大了企业的销售市场。

在A企业成长发展的过程中，A企业总经理也是利用身边的资源和机会促成了企业的转型与发展。企业成立初期是从事五金件销售的，后来逐步地涉及门窗五金件的生产加工。因为A企业总经理是莆田人，周围的同学、老乡都在自己经营公司，他利用他们的资源，逐步完成由销售企业向加工企业的转型。当A企业总经理谈起同乡资源的时候，他强调："在我老家有很多做生意的，因此大家彼此之间有照应；另外，我们家乡人都有一个相互赶超的心理，这种习惯也提醒着我一定要把企业做好。"企业转型为生产企业的初期，其产品全部销售到国外市场，而且是代加工，企业所获得的利润很微薄。在企业产品全部外销的鼎盛时期，A企业总经理意识到处于市场培育阶段的国内高档门窗幕墙的五金行业具有极大的潜力,因此,果断先于同行业的其他企业转向国内市场,并成功转型。与此同时,企业推行产品品牌战略。企业要长远发展得有自己的品牌。"从开始做企业我们就坚持做自己的品牌,不断创新,使得自己的产品不断完善。"品牌价值源于产品的质量和产品的创新程度,这需要企业有能力、有资本支持创新。A 企业总经理说:"对于我们中小企业来说,研发投入本身就具有风险,这个风险很大。专利投入生产以后,我们要开模,在使用过程中要开模,(会产生)开模的成本、人工成本,客户如果不认可,这就有很大的成本浪费。但也不能停止创新,创新是企业的动力,没有创新就会被模仿。"A 企业总经理的关系对新产品开发能力作用的过程如图 4-2 所示。

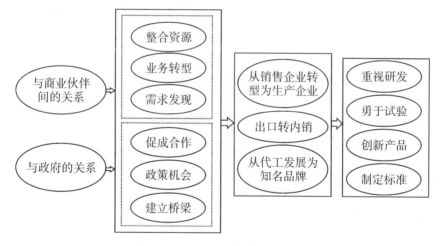

图 4-2　A 公司高层管理者关系对新产品开发能力作用过程

A 企业的产品创新主要源于两个方面:一是客人的定制化需求。"当客人联系到我们时,我们会根据客户的需求提供定制化的生产。虽然这种需求在企业产品销量中占比较小,但是对企业创新能力的要求却比较高。"二是企业自主的研发活动。A 企业从转向做生产开始,企业就强调做品牌的重要性。现在随着市场竞争越来越激烈,留住客户的唯一办法是要满足客户的需求,企业要投入研发新产品。研发团队每年会申请很多专利,但不是每个专利都会商业化,变成市场上的商品。A 企业总经理说:"一年申请几十个专利,能转化为产能的数量并不多。"企业推向市场的产品成功的比例在行业内是位居前列的。企业于 2014 年获得"福建省高科技企业"称号，而且参与制定一些新产品的行业标准。

（二） B 教育咨询培训企业

B 企业在发展过程中非常重视与商业伙伴以及政府部门间的关系的维护。B 企业总经理是非常重视圈子维护的人，强调"抱团取暖"。B 企业在创办培训学校的过程中以及学校经营的过程中与政府、行政部门有很多业务往来，需要维护与教育部门、政府等多部门间的关系，很多时候需要商业伙伴出面协调，因此，B 企业总经理非常重视各种关系的维护。B 企业总经理强调，"如果自己单独做一件事情的话，完成起来可能会非常辛苦，和商业伙伴们抱团取暖很重要，每个人在这件事情上的贡献不一样，价值也不一样"。"对外，要考虑人脉，维护与一些商业伙伴、政府的关系；对内，要依靠团队，提升团队的凝聚力。"在企业发展过程中，B 企业还吸收了一些合作伙伴，这些合作伙伴是一些非常具有实力的企业或者投资商，这些投资商有来自矿产行业的，还有一些拥有政府资源的企业。拥有的这些关系可以帮助企业处理发展过程中需要去调节的另外一些关系。B 企业总经理说："这些朋友，他们可以给我处理外来的一些关系，让我们企业发展得更快一些。" B 企业总经理在该行业协会里担任着职位，这帮助他建立了更大的关系网。他说："我每天会与行业协会里的朋友以及一些社会上的朋友在一起聊天 4～5 个小时，很多时候大家聊到有什么样的机会啊，需要什么样的资源等，大家有资源、有关系的都会立马提供帮助。"

B 企业的业务开展主要凭借比其他竞争对手拥有更多的信息获取渠道。从学生填报志愿开始，B 企业需要解读各个省份学校的招生信息，与招生就业办的人搞好关系，就能掌握别人没有掌握的信息。后来，B 企业开始开办艺术培训学校，办校资格的获得、培训讲师、招聘人员及各个部门的审批，都有很多朋友的帮忙。B 企业总经理描述说："因为是教育行业，会有很多部门来检查。我哪天遇到什么样的检查，遇到什么样的困难，有什么样的政府关系需要处理，我一个人的力量可能很薄弱，但是可以凭借其他伙伴的力量。他们可能是资产规模上亿的企业的总经理，是政府招商引资的对象，或者其他的身份，如果他以他的身份出面，打个电话，这个事情就会变得很简单。这人脉不一样，办起事来效果就不一样。

这就使我们企业有了更高层次的平台，使得我们企业在经营过程中处理与政府的关系变得非常的便利。"

公司成立初期主要是做高考的政策咨询、职业生涯规划及志愿填报指导等业务，随后从高考政策咨询和志愿填报指导开始起步，不断地扩充业务范围。从高考政策咨询扩展到艺术类高考专业课及文化课辅导，最后发展到高中和高校的对接平台的建立。企业的创立就是源于总经理手里掌握了同业者所没有掌握的信息资源。在为客户填报资源的过程中，企业与高校的招生就业中心的联系非常多，就发现了艺术类高考专业课及文化课辅导这个机会。"这样就发现了这个文化艺术类培训，有哪些政策是你了解清楚而别人又不知道的。"所以，B 企业就开始着手成立培训学校。B 企业总经理说"我在做企业的过程中，一直在发现好的机会。如果发现机会，就立刻想办法抓住机会。当时考虑到办教育的各种检查都能应付，才着手开始办学校。""现在的经营思路都是轻资产，我感觉在我的涉猎范围内，风险都是在掌控之内的。"

企业在 5 年发展的过程中，从最初的高考的政策咨询、职业生涯规划及志愿填报指导等咨询类的业务发展到艺考培训，培训项目包括影视表演、服装表演、广播电视编导、播音主持、书法等艺术类高考专业的培训，还囊括了文化课培训。现在，为了让已有的学生有更好的去处，企业开创了新的服务产品，即高中与高校的对接平台，企业现在已是湖南师范大学、广西大学、郑州航空工业管理学院等学校的优质生源培训基地。从现有业务的规模来看，B 企业总经理强调，"我们的产品主要体现在培训项目上的广度，现在我们学校的规模以及培训涵盖的专业在整个西北地区排名算是比较靠前的"。从现有业务的纵向延伸来看，B 企业总经理在不断地向前和向后延伸艺考培训的产业链。他说："我们一般不仅仅要考虑招生规模，还要考虑每一项培训项目之后学生的去处。"从培训项目的横向扩展来看，B 企业具备承办相关类似培训项目的能力。B 企业总经理说："现在以我们的能力是能够进行多种项目的培训的。"B 企业总经理的关系对新产品开发能力作用的过程如图 4-3 所示。

（三）C 轮胎配件加工企业

C 企业是最早进入中国大陆的台资企业。C 企业的产品性质决定了其在经营过程中重视与客户、供应商关系的维护。C 企业主要的客户是轮胎

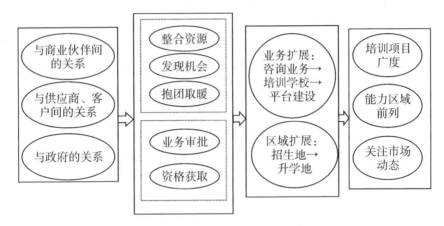

图4-3　B公司高层管理者关系对新产品开发能力作用过程

厂,对外销售直接面向市场的可能性很小。所以,企业特别注重与客户关系的维护,尤其是技术方面的互动。C企业选择在厦门建厂的一个重要原因就是与一个关键客户在地理位置上很接近,便于合作交流。C企业经理描述:"我们与客户的联系很频繁。""因为离得比较近,所以在生产过程中遇到问题他们会过来,我们也会过去。他会把他的客人带来参观企业,我们作为他的供应商,他的客人也非常认可我们的企业。"与客户交流的内容包括生产流程、制作工艺以及一些技术协作。因为企业原材料的要求较为特殊,所以与供应商都是长期的合作关系。C企业经理描述:"我们与客户、供应商都是长期合作的关系,私下也都是朋友,这对企业发展的帮助蛮大的。""供应商会非常了解我们的需求,减少了很多采购过程中的麻烦。"

在企业落地大陆、成长发展的过程中,与当地政府接触较多,政府对企业发展的支持力度也很大。"在项目进行过程中,只要对国家有用的,涉及补助的东西,在申请过程中,政府都会全力帮助我们。"此外,C企业经理也谈及因为政府在企业发展过程中提供了很多便利,所以企业在发展过程中也努力做到满足政府的一切要求,例如,政府对环保的要求,C企业也会努力做到行业前列。

对一个老牌台资企业而言,来厦门建厂是企业发展过程中的一个重要转折点。当时企业有东南亚和中国大陆两个选择,最终确定在中国大陆建厂，其中一个原因是中国大陆当时人力成本低，另一个原因是离台湾地区近，而且离企业的客户近。"我们的客人刚好在附近，他们的企业是1988年过来的，我们是1989年过来的，离客户近有利于企业成长。"企业非常注重与客户的交流沟通，掌握客户的需求并以此来推动企业技术的发展。"客人需要什么，最先肯定想到我们企业。""客人只要有想法都会找我们来说，跟我们谈怎么做、怎么搞。"

C企业现在处于稳步发展的阶段，因为企业的产品比较另类，所以企业现阶段的发展主要是地域方面的扩张，选址要尽可能地靠近企业的顾客。"我们的客人分布范围很广，完全就近客人是做不到的，要考虑区域选择问题。"地域上的扩充是企业发展的基础。企业最早是在台湾地区发展，后来因为考虑到中国大陆的自行车市场，加上政策上给出了非常有利的条件，企业选择在中国大陆建厂。C企业经理说："早期在台湾地区，一个月产量大概也就一两百万套，来这里之后一个月生产上千万套。"企业重视产品的开发、生产线的扩充。"这个生产线是逐步布置出来的，想把企业做到最大，对于大企业来说，一种产品确实会有很大的局限性。客人越来越多，其需求也就越来越多，会问这个规格能不能做，那个规格能不能做。为了顺应客人的需求，产品线也就越来越多。"C企业经理说，随着企业产品线越来越多，对企业内部管理的挑战也越来越多，要更关注企业的成本控制和管理创新。企业一直是稳中求发展，并认为"风险是可以管控的，在企业经营过程中不断地发现问题，解决问题"。

C企业的主要客户是轮胎厂，随着人们生活水平的不断提高，从自行车轮胎，到摩托车和电动车轮胎，再到汽车轮胎，市场越来越大。该企业轮胎的规格和类别是全世界最全的。"在全世界范围来讲，我们企业轮胎的规格和类别应该是最全的。这是优势也是劣势。对企业来说不好管控，但对于客户来说他不需要再去寻求另一个供应商，找我们企业就好。"企业在发展过程中，以满足客户的需求为核心，围绕顾客需求进行创新。"我们企业的创新应该属于行业领先的。""我们拥有全世界最全的生产线。""客人越来越多，需求也就越来越多，为了顺应客人的需求，产品线也就越来越多。""我们的开发能力、实力是非常强的，像现在的电动摩托车轮胎，要规定到什么类别、什么尺寸，我们有参与制定国家标准。"C企业经理的关系对新产品开发能力作用的过程如图4-4所示。

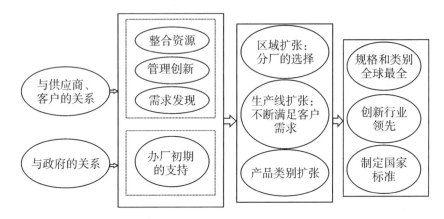

图 4-4　C 公司高层管理者关系对新产品开发能力作用过程

（四）D 儿童摄影企业

D 企业的产品主要是面向普通消费者的，因此，D 企业在发展过程中重视企业客户忠诚度的建立，正如 D 企业总经理所描述的，现在很多的客户也逐渐演变成了朋友。"对于企业的一些 VIP 客户，我们都有加微信，经常联系，已经不单单是他在我们这里照相这件事了。"此外，D 企业总经理也重视与商业伙伴间关系的维护。在 D 企业总经理的朋友圈会看到一些同行业其他企业的一些活动和状态，包括其他企业招聘信息的转发等。D 企业还积极响应儿童摄影联盟举办的各种活动。在企业运营过程中，D 企业总经理强调人与人相处都是依靠真诚。"现在的人都是将心比心的。""与其他摄影企业不同，我们非常愿意为其他企业提供帮助，只要他们有需要、张开口。"

D 企业在运营过程中接触最多的政府相关机构是城市建设管理部门。摄影企业的营销途径主要依赖于外展，企业的产品辐射半径是本地、本区域，所以最直接的宣传方式是在城市核心区域搭建宣传棚，挂上产品出去接单。为了保证外展的顺利展开，企业注重与城市管理部门的关系维护。D 企业总经理描述："我们要出去宣传，要去和城管沟通，市政管理部门需要提前去公关。昨天我们还出去和人家谈了一个外场，所以，在平常我们也很注意与城管部门关系的维持。"

第四章 高层管理者关系影响新产品开发能力的案例研究

D企业总经理在访谈过程中表示,企业的发展离不开她有胆量发掘市场中的机会。当时在咸阳还没有专门针对儿童的摄影机构时,她就成立了第一家儿童摄影工作室。在工作室做了差不多快8年的时候,她意识到要把咸阳第一的名号扩散,因此,把工作室扩展为门店经营。D企业总经理说:"在我们这里,很多顾客都是从怀孕一直拍到了小朋友上小学,现在我们也响应很多老顾客的需求,将业务扩展到全家福的拍摄。"D企业很多新业务的发展都是其他合作伙伴提供的机会,比如模卡(编者注:模特演艺行业的专属名片)的拍摄,儿童表演的拍照与摄影等,在行业内都拥有了一定的影响力。

企业从创业到现在一直不断地在探索。在发展过程中也尝试过进入不同类别的摄影行业。在2010年,企业在儿童摄影市场已经站稳脚跟后,开始进入婚纱摄影行业,经营了两年但最后还是以失败告终。产品方面也在专注创新,从产品线的覆盖到产品的技术。"每次的市场进入定位都比较高端,现在的年轻人不怕你的东西贵,就怕东西质量不好,只要有新意,就有市场。"企业注重与行业先进技术的对接。"摄影师、数码师都会定期去学习,去培训,我也会不定期地去学习。只有这样才能跟现在最先进的技术对接。我们这一行有一个上海展会,每年一次,我们都会去,通过这种活动来把握市场的变化。"企业重视与不同企业的合作,比如儿童模卡的拍摄。"有一个风尚的模特学校,这是第二批,他们需要一个模卡,就是每个模特都需要那种卡片,我们这个机构就给他们提供这个模卡的拍摄。这个就属于异业合作。因为有了这种合作机会,我们就尝试开始接洽这种新的拍摄业务。"企业还和儿童游泳馆、艺术培训机构、教育培训机构展开合作,为企业开辟新的业务领域。

D企业主要从事儿童摄影,目前,门店和工作室产品线的覆盖面是互补的。门店的定位是中高端,而工作室的定位是中低端。D企业总经理说:"门店产品的起步价可能是一千多,而工作室产品的起步价可能是三百多。"产品链条从孕妇摄影开始,后续是新生儿摄影、宝宝满月照、百天照、一岁照、两岁照一直到十二岁的照片拍摄。在企业成立初期,没有设置孕妇和新生儿摄影业务,仅仅是定位于儿童摄影,企业产品的覆盖面是逐渐变宽的。因为摄影的对象是宝宝,考虑到不同的妈妈给宝宝拍照的产品选择范围不同,所以企业力求产品要涉及每个层面。"有的妈妈可能会给宝宝用好一点的产品,但是有的妈妈就简单、单纯地只想留个纪念,不想花那么多的钱。现在有的家长有钱,也有的家长没钱,所以基本上每个层面都会涉及。"摄影产品的形成包括前期的照相和后期的制作,企业现在会定期送技术人员出去培训,而且保证产品的品类每半年更新一次。随着行业竞争的越发激烈,企业越来越重视产品的创新。D企业总经理表示:"当行业竞争激烈的时候,他们往下砸价,我就往上抬价,我就用我们的技术和我们的产品去吸引人。我从来不和我们同行去拼价格。"D企业业总经理的关系对新产品开发能力作用的过程如图4-5所示。

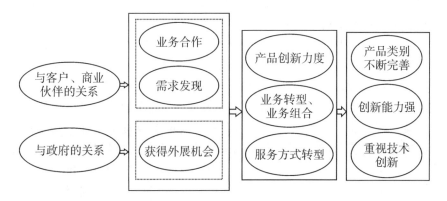

图4-5 D公司高层管理者关系对新产品开发能力作用过程

(五) E工业锁加工企业

E企业在发展的过程中,非常重视与客户关系的维护。E企业目前处于行业领先地位,其很多产品也销售到国外。E企业非常重视产品研发,而产品研发的一个促成因素是要充分了解消费者需求,因此,E企业董事长重视与客户之间的联系。他将客户分为不同的重量级,对于普通顾客,企业会进行一些回访;对于VIP客户,企业会定期拜访。他认为,"对于客户的维护主要依靠的是产品的质量和售后服务"。考虑到国外市场和国内市场的不同,企业将客户分为国外客户和国内客户。国外客户主要是靠产品本身来维系,对于国内客户正常的礼节性的关系是要维护的。E企业董事长说:"对国内客户,逢年过节该送礼物的送礼物,该维护的关系需要维护。""对于一些企业重要的客户和长期合作的客户,我会亲自与他们进行沟通。"另外,E企业面临着全球范围的竞争,因此,E企业董事长十分关注其国外主要竞争对手的发展动态,国外企业的发展动向决定了行业的动向。E 企业在发展过程中与政府的接触不多,唯一与政府有频繁联系的是在厦门买地建厂的这个过程中,而这片土地的获得,使企业拥有了自己的厂房,是企业发展的转折点。E 企业董事长说:"在厦门买了厂房,建了厂,为企业后续的发展提供了更高的平台。"

  E 企业发展过程中的几次扩张,取决于企业捕捉到了合适的机会。E 企业之前在上海,后面选择落户厦门。E 企业董事长说:"本来之前想在宁波买地,但是宁波的地贵。当时听到朋友说厦门集美区招商,有优惠,我们就抓住这个机会,在这里建了厂房,这个厂房对我们企业来说也是硬件上的一个提升。"另外,企业从工业锁行业向柜子行业扩张时,企业发现了另外一个熟悉柜子行业的商业伙伴企业的销售经理想出来创业,为 E 企业迈向柜子行业提供了契机。"我当时有个工业锁的专利,买我的锁的企业销售经理想自己出来创业,刚好我也有这个锁的产品,他呢,又懂柜子行业,有柜子行业的经验,所以我们就组建了一个公司。"

  国内工业锁行业的发展是在 2000 年之后,E 公司从成立时就定位中高端,并在研发上有较大的投入,在外销过程中没有选择与贸易公司合作,而是自己掌握终端市场。E 企业董事长表示,"我想把公司做得更大,更好"。"我始终认为企业要去发现那些别人没有发现的市场,做别人没有做的东西,这样才能不断发展壮大。"E 企业现在已经做到内资企业的第一位,已将其竞争对手定位于台湾地区的企业和国外的一些企业。公司很注重创新,市场部和研发部是企业中最重要的两个部门。E 企业董事长强调,"研发部在我公司来讲,从全部职能部门来看,是上升到数一数二的战略高度。"企业从最初做工业锁的行业往下游发展,进入柜子行业。企业在柜子行业最初是做铁皮柜子,但后来发现塑料柜子比铁皮柜子有前景,而且铁皮柜子行业竞争激烈,所以就投身于塑料柜行业。"铁皮柜竞争太激烈就不做了,后面行业前景也不太好。后面我们看到塑料柜是未来的发展方向,上海那个公司我就不再投钱了,就在厦门我自己的一个公司投了很多钱下去,自己把这个做起来了。"

  E 企业重视产品研发。"之前我所在的企业是美资企业,产品排名比较靠前,这个工作背景促使我在自己开始做企业的时候就关注中高端产品,因此,在产品开发这一块有比较大的投入。"因为企业所处的行业的原因,客户对企业的影响较大,但是企业对于客户的影响较小,这就使得产品是企业发展过程的关键所在。E 企业董事长强调,"产品做好来拿订单。他是我的大客户,但我不是他的大供应商,所以这个不对等的关系造成了企业与客户的关系需要建立在产品本身上"。公司的研发团队每年完成 200 多个新项目,拥有 50 多项国内专利和 6 项国际发明专利。E 企业董事长的关系对新产品开发能力作用的过程如图 4-6 所示。

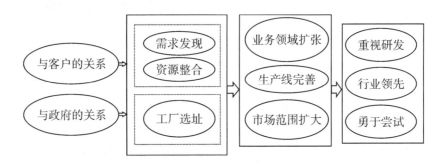

图 4-6 E 公司高层管理者关系对新产品开发能力作用过程

(六) F 集成电路设计生产企业

F 企业所在的行业是技术导向型的,因为行业特点的原因,F 企业总经理在谈及与商业伙伴、客户、供应商的关系时,强调了企业发展的独特之处。F 企业所在的行业是竞争激烈的,这个行业最大的特点是行业产能是无限的。企业与供应商的关系就是拿货交钱。该行业的生产和设计是与国际接轨的,唯一与国内类似的就是销售环节,因为产品的市场是在国内。而 F 企业总经理也强调,与客户的关系是企业生存的关键,"我们和合作伙伴是长期合作的关系"。"因为之前我在研究所工作,与运营商有长期接触,而且根据他们的需求整合了他们的产品,为现在的产品提供了基础。"F 企业重视设计、生产和市场需求的对接。行业的特点决定了 F 企业重视与客户合作关系的维护,这是 F 企业发展的核心。F 企业总经理表示,"在市场上,我们主要帮助整机厂家的集成,这也是我为什么能创业后一直走到现在,因为基站的那个 4G 模块是我设计的,所以说和运营商一直保持着长期的合作关系"。

F 企业的定位是在稳中求发展。企业总经理认为,集成电路设计产业的风险也是比较大的,所以企业在发展过程中特别重视技术的先导性,只要比同行业其他企业落后，企业就会变得很难存活。企业在产品创新方面投入不多，因为产品创新需要大投入。F企业总经理认为，"风险本来就是成本，没必要冒任何无谓的风险"。"大企业有大企业的市场，小企业有小企业的市场，我们要稳扎稳打。"

企业所在的集成电路的行业是非常重视创新的。而F企业的创新一直围绕在现有技术的性能完善和补充上。现在，F企业规模不大，产品也不算多，一直在持续地做一类产品，并且在这几年里进行了7代的改进。在基站4G模块这一块，该企业处于垄断地位，在国内是做得最好的，现在的主要竞争对手是美国的企业。这类产品在研发的时候投入会比较大。F企业老总强调，"20多年前花5000多万元注册一个公司，不到两三年的时间钱就没有了，而且也不一定能产出一两个产品来，在行业内被称为'烧钱公司'，主要是这个行业的人力成本很高"。F企业总经理的关系对新产品开发能力作用的过程中如图4-7所示。

图4-7　F公司高层管理者关系对新产品开发能力作用过程

二、案例间比较分析

通过单案例分析本研究发现，企业管理者们认为与客户、供应商以及伙伴企业之间关系的构建和维护在企业发展过程中会产生一定的影响，但都强调最终影响企业可持续发展的依旧是产品本身。那么，管理者关系如何影响企业新产品开发能力？本研究对6个案例企业中的这个影响过程进行分析，着力探究每个企业转型过程的共性与差异，以便总结提炼将管理者关系转化为企业新产品开发能力过程中所涌现出的模式。本研究将案例中的企业出现的一些现象与现有研究进行比较，发现案例中的企业在高层管理者作用于企业新产品开发能力的过程中，是通过新业务领域、新市场开拓、新产品线引入等创业战略的选择而实现的，而这种选择是因为高层管理者关系增强了企业的机会识别和捕捉，对应到现有文献即机会获取。

基于现有研究文献，本研究更进一步地通过机会获取和创业导向选择来诠释企业高层管理者关系对于新产品开发能力的影响。

为了便于案例间进行比较，在对案例数据进行描述分析的基础上，本研究针对各案例中企业的现实情况，对其高层管理者关系、机会获取、创业导向和新产品开发能力进行了评判打分。依据姚铮和金列（2009）的观点，案例分析中编码的维度的条目数是该维度的强度体现。本研究借鉴此方法，通过比较各案例企业相关指标编码的条目数来评价企业间各项指标的强度，用高、较高、一般、较低、低共五个等级依次从高到低代表案例中的企业的各项指标水平。

（一）高层管理者关系

通过跨案例分析发现，各个企业的经理都认为需要维护与客户企业、供应商企业，以及合伙伙伴企业、行业协会企业间的私人关系。但并不是各个企业家都对这些关系视为均等重要，而是重点培育和维护与企业长远发展有影响的群体之间的关系（见表4-5）。D企业是面向消费者市场的，需要了解、掌握消费者需求，建立忠诚客户，并且其长期提供的产品是能涵盖一名儿童成长的12年的摄影需求，因此，该企业重视客户关系的维护。而A企业本身作为五金件的加工和销售企业，其原材料的供应商和产品的购买商都是大型企业，在供应链中占有绝对地位，因此，A企业以产品为纽带，维系其与客户企业的关系，并且利用一切能与客户企业搭建关系的平台。在这种行业特点的背景下，A企业总经理重视与同行企业间的关系维护，以及老乡会、行业协会等团体中的关系维护。C企业的产品对客户的依赖性较强，所以C企业经理强调从企业选址、定位到发展都紧密关注客户企业，并且与客户企业在生产经营过程中的交往最为频繁。因为他们的产品所需原材料具有特殊性，所以与合作伙伴建立的关系也是长期维系的伙伴关系。B企业总经理特别重视与不同企业间总经理的关系构建，因为其提供的服务产品没有特别的限制，需要各方面信息和资源的整合，所以他特别重视各种关系的维护。相对于与商业伙伴的关系，各个企业对政治关系的维护并不是那么重视，但是依旧会去维护。A企业总经理认为，现在部分地方官员会有很强的地方保护主义，政府官员能帮助企业与开发商建立联系，能够促成他们合作关系的建立。同时，地方政府给予企业的各种荣誉能够增强企业应对市场的信心。D企业能够通过与地方行政部门官员的关系维护来顺利进行市场推广。B 企业通过与政府官员的关系来为学校资格审批、资源整合提供途径。

表4-5　6家案例企业高层管理者关系情况描述

案例企业	条目数/条	高层管理者关系描述——典型条目	程度
A	66	"我们会尝试着与开发商建立一定的关系。"A111 "当客人联到我们时,我们会根据客户的需求提供定制化的生产。"A113 "与政府部门的人建立联系还是十分必要的。"A121 "如果与某个政府官员私人关系好,就可以请他出面帮我们与开发商连线,帮助我们与客户之间建立联系。"A123	高
B	71	"和商业伙伴们抱团取暖很重要,每个人在这件事情上的贡献不一样,价值也不一样。"B111 "我们需要应付很多检查,所以肯定要与政府部门建立一定的关系。"B121	高
C	48	"当时因为客户在这边,所以选择在这边建厂。"C111 "因为离得比较近,所以在生产过程中遇到问题他们会过来,我们也会过去。"C112 "我们与客户、供应商都是长期合作的关系,私下也都是朋友,这对企业发展的帮助蛮大的。"C113	高
D	40	"现在的人都是将心比心的。"D113 "我们要出去宣传,要和城管去沟通,市政管理部门需要提前去公关。"D121	较高
E	46	"对国内的客户,逢年过节该送礼物的送礼物,该维护的关系需要维护。"E111 "对于一些企业重要的客户和长期合作的客户,我会亲自与他们进行沟通。"E112	较高
F	13	"我们和合作伙伴是长期合作的关系。"F112	较低

(二) 机会获取

通过跨案例分析发现，6家企业在发展过程中均谈到了对机会的把握，但各个企业对待机会的态度和捕捉机会的能力方面却存在显著的不同（见表4-6）。A企业与C企业都充分利用商业关系获取与产品改进有关的信息和机会，从而提升企业的产品竞争力。D企业的企业合作、模卡业务的开拓，E企业从工业锁领域进入塑料柜行业，这些新产品、新业务领域的扩张都源于与其他商业伙伴间的合作，他们凭借整合商业伙伴的资源，成功地跨入了目标行业，开拓了新的产品领域。B企业从高考政策咨询、职业生涯规划以及志愿填报指导等咨询类的业务发展到艺考培训，是因为从对接高校中掌握了一些同业者没有接触到的信息，发现了机会，创建了培训学校。C企业和E企业抓住了购买地皮构建新产房的机会，为企业的后续发展提供了更多的便利。

表4-6 6家案例企业机会获取情况描述

案例企业	条目数/条	机会获取描述——典型条目	程度
A	30	"客户有个项目的五金件需要改进，找到了我们企业，我们帮助他们进行了改进，对我们的创新能力是一个挑战。"A131 "现在政府着手为本地企业创造机会，一些政府项目会指定让本地企业来做。"A131	高
B	36	"我在做企业的过程中，一直在发现好的机会。"B131 "如果发现机会，就立刻想办法抓住机会。当时考虑到办教育的各种检查都能应付，才着手开始办学校。"B132	高
C	33	"当时抓住了招商引资的机会，选择在中国大陆建厂，可以与就近客户共同成长发展。"C132 "我们与客户联系非常频繁，客户有什么问题我们就解决什么问题，为企业产品的改进提供了很多信息。"C131	高

续表 4-6

案例企业	条目数/条	机会获取描述——典型条目	程度
D	22	"因为有了异业合作这种机会,我们就尝试进入新的拍摄业务领域。" D132 "从工作室发展到门市,有利于更多的顾客认识企业。" D131	较高
E	34	"我当时有个工业锁的专利,买我的锁的企业销售经理想自己出来创业,刚好我也有这个锁的产品,他呢,又懂柜子行业,有柜子行业的经验,所以我们就组建了一个公司。" E132	高
F	6	"在市场上,我们主要帮助整机厂家的集成,这也是我为什么能创业后一直走到现在,因为基站的那个4G模块是我设计的,所以说和运营商一直保持着长期的合作关系。" F132	低

(三) 创业导向

通过跨案例分析发现,6家企业在生产经营过程中会调整企业的市场和业务,同时也会规划新市场、新业务以及新产品的进入和开发,但各个企业对创业活动的态度和行为有显著的差异(见表4-7)。A企业从成立到现在经历了从五金件销售向五金件的生产销售转变,扩充了业务范围。从进入生产领域以来,重视企业品牌构建,不断提升企业产品品质。B企业从最初的志愿填报咨询业务开始,构建了志愿填报业务、高考培训业务以及高校对接平台,三项业务相辅相成。C企业的创业行为主要体现在企业在亚洲范围内建厂,1989年在厦门建厂,1993年在深圳建厂,2000年在昆山建厂,现准备在东南亚选址建厂。产品的品类也在不断地完善。D企业的创业活动主要体现在企业市场覆盖面的延伸和业务范围的调整。企业成立初期,业务辐射半径为城市东边,后来发展到城市西边,其目标是要将业务覆盖咸阳的东西南北以及西咸新区。业务范围也由儿童摄影扩展到婚纱摄影,虽然婚纱摄影只经营了两年。在经营过程中,该企业与异业伙伴合作,开拓不同领域的儿童摄影。D企业总经理是愿意去接受挑战、承担风险的。当时,她开设的工作室是咸阳市第一家儿童摄影工作室。E

企业在发展过程中注重产品创新程度和产品的品类完善程度。在工业锁和塑料工业制品两个不同的领域完善细化产品。在做到行业领先的同时，也在不断地开拓企业的市场范围。而 F 企业的创业行为较少，由于其手中的产品是符合客户需求的，因而企业一直在自己的细分领域里维持经营。

表 4-7 6 家案例企业创业导向情况描述

案例企业	条目数/条	创业导向描述——典型条目	程度
A	53	"创新是企业的动力，没有创新就会被模仿。" A141 "对于我们中小企业来说，研发投入本身就具有风险，这个风险很大。专利投入生产以后，我们要开模，在使用过程中要开模，（会产生）开模的成本、人工成本，客户如果不认可，这就有很大的成本浪费。" A142	高
B	56	"基于现在手上的资源，不断地向新的领域发展。" B141 "现在的经营思路都是轻资产，我感觉在我的涉猎范围内，风险都是在掌控之内的。" B142	高
C	54	"这个生产线是逐步布置出来的，想把企业做到最大……为了顺应客人的需求，产品线也就越来越多。" C141 "风险是可以管控的，在企业经营过程中不断地发现问题，解决问题。" C142	高
D	38	"每次的市场进入定位都比较高端，现在的年轻人不怕你的东西贵，就怕东西质量不好，只要有新意，就有市场。" D141 "摄影师、数码师都会定期去学习，去培训，我也会不定期地去学习。只有这样才能跟现在最先进的技术对接。" D141	较高
E	52	"我想把公司做得更大，更好。" E142 "我始终认为企业要去发现那些别人没有发现的市场，做别人没有做的东西，这样才能不断发展壮大。" E142	高
F	18	"风险本来就是成本，没必要冒任何无谓的风险。" F142	较低

(四)新产品开发能力

通过跨案例分析发现,6家企业都认识到企业在市场上最终的竞争是基于产品的竞争,但各个企业的新产品开发现状以及能力的构建具有显著差异(见表4-8)。A企业一直强调企业品牌的构建,在不断创新中提升产品的品质,并且愿意投入新产品的研发。虽然新产品的研发要承担风险,而且可能会出现市场不买账的情况,但是A企业依旧积极投入创新,并希望创新是企业的代名词。B企业的核心业务是高考培训,其培训范围涉及高考的各个科目,并且在尝试发展不同类型、不同行业的技能培训。此外,基于产业链的视角,为了帮助在学校参加培训的学生有更好的升学就业机会,B企业还在积极发展与不同高校、不同企业联合培养的模式。C企业、D企业和E企业在自己现有行业内保持着企业良好的创新氛围和积极的研发态度,力争做到产品在不断改进和创新的过程中满足顾客需求。F企业在经营的过程中,因为其现在的产品拥有设计专利,所以一直在现有产品的基础上进行简单的改进,以满足客户高性价比的需要。

表4-8 6家案例企业新产品开发能力情况描述

案例企业	条目数/条	新产品开发能力描述——典型条目	程度
A	40	"我们会从功能上不断创新,还会做很多精细化的改进,这些可能一般顾客仅从外观上是不易发现的。" A152 "企业推向市场的产品的成功的比例在业内算是比较高的。" A153	高
B	36	"现在我们学校的规模以及培训涵盖的专业在整个西北地区排名算是比较靠前的。" B151 "我们一般不仅仅要考虑招生规模,还要考虑每一项培训项目之后学生的去处。" B153	高
C	38	"在全世界范围来讲,我们企业轮胎的规格和类别应该是最全的。" C151 "客人越来越多,其需求也就越来越多……为了顺应客人的需求,产品线也就越来越多。" C153	高

续表 4-8

案例企业	条目数/条	新产品开发能力描述——典型条目	程度
D	25	"当行业竞争激烈的时候，他们往下砸价，我就往上抬价，我就用我们的技术和我们的产品去吸引人。我从来不和我们同行去拼价格。" D151 "有的妈妈可能会给宝宝用好一点的产品，但是有的妈妈就简单、单纯地只想留个纪念，不想花那么多的钱。现在有的家长有钱，也有的家长没钱，所以基本上每个层面都会涉及。" D153	较高
E	41	"之前我所在的企业是美资企业，产品排名比较靠前，这个工作背景促使我在自己开始做企业的时候就关注中高端产品，因此在产品开发这一块有比较大的投入。" E152 "产品做好来拿订单。他是我的大客户，但我不是他的大供应商，所以这个不对等的关系造就了企业与客户的关系需要建立在产品本身上。" E151	高
F	16	"我们的产品有竞争力，重点是因为性价比高。" F151	较低

第五节 案例发现

本节将把所有案例企业的各组变量进行对比分析，进而归纳出高层管理者关系、机会获取、创业导向和新产品开发能力各变量之间的关系，并提出初始的研究假设命题。

一、高层管理者关系与企业创业导向的关系

在初始理论预设中，本研究提出高层管理者关系对企业创业导向有正向的影响，从 6 个案例企业得到的数据也证明了这种正向影响的关系。通过对 6 家企业的高层管理者关系和创业导向的相关数据分析发现，高层管

理者与商业伙伴、客户、供应商之间拥有强关系的企业对创业行为的积极性更高，表现出更强的创业导向。

首先，企业的高层管理者与客户之间建立的良好关系，有利于企业及时掌握市场信息，及时创新。A 企业通过与客户的及时交流来保证产品创新的市场认可程度。C 企业由于地缘上与客户接近，所以与客户的联系非常频繁，这使得企业能够及时了解客户需求，对企业的产品和生产工艺进行及时调整。E 企业也非常重视与客户之间的联系，客户提出的任何与产品有关的问题，都能得到企业及时有效的沟通和解决，而且 E 企业也非常关注竞争对手的状况，清楚了解自己与竞争对手相比的差距和长处。与合作伙伴之间的关系能够帮助企业借助更广泛的领域，整合更多的资源。A 企业从销售企业转为生产加工企业时就充分借助商业伙伴的资源优势，成功转型。B 企业总经理非常重视与同业及其他商业伙伴之间的信息沟通和资源整合。他认为，在这种沟通过程中能够发现各家所长以及各家需求，他们各自之间进行消息和资源的对接，节省了企业盲目寻找机会和整合资源的精力和时间。企业现在的发展就是因为先于其他人掌握了招生就业的信息，并抓住机会整合资源，创建了现在的辅导学校。

其次，高层管理者的商业关系和政治关系能够提升企业面对风险的信心。A 企业总经理明确表明，政府第一次颁发给企业的"福建省著名商标"的称号成为其在后期开拓市场过程中的信心来源。政府第二次授予企业"福建省高科技企业"的称号，鼓励企业不断致力于创新。C 企业经理说企业与客户之间这种朋友加合作的关系，使得企业的生产线为了满足客户需要而不断扩充，客户如果有任何新的需求，第一个想到的绝对是他的企业。E 企业董事长说在自己经营企业的这些年里没有感觉到什么风险，因为自己对国际趋势、行业现状、市场需求等是非常了解的。

最后，高层管理者的商业关系和政治关系能促进企业的先动性。B 企业的高考政策咨询业务以及高考对接平台的建立，都是因为掌握了竞争对手尚未获取的信息，使得企业有了很大的发展空间。E 企业因为与客户保持密切联系，能充分掌握客户信息，了解行业走向，先于竞争对手一步满足顾客需求，因此在国际市场上的占有率在不断提升。

据此，本研究提出命题 1：高层管理者的商业关系和政治关系促进企业创业导向的形成。

二、企业创业导向与新产品开发能力的关系

接下来，本研究探讨创业导向与企业新产品开发能力之间的关系。通过对创业导向和企业新产品开发能力的相关数据分析发现，具有较高质量创业行为的企业重视新产品的研发，相对于同行业企业具有较强的新产品开发能力。

首先，创业导向构建的创新氛围为企业新产品开发提供了充分条件。A 企业一直认为产品是企业存在的根本。在 A 企业的产品中，新产品有两种表现：第一种是客户无法察觉的，但是对企业来讲是新的产品；第二种是对于客户和企业来说都是新产品。无论是第一种还是第二种创新，企业都在持续投入，因为任何一种创新都有利于企业研发能力的提升。B 企业在发展过程中特别重视产品链的完善，就培训业务本身来说，其业务覆盖面广，可以接受其他的培训项目，并且对外积极发展新的高校合作平台。D 企业也认为创新是企业生存的根本。企业的核心工作人员每年都会去参加行业的展会，参加相应的培训，以保证与行业发展前沿同步发展，并且每半年向市场推出一批新产品。

其次，创业导向体现出来的愿意承担风险的态度为企业的新产品开发提供了可能。A 企业总经理说企业的产品研发本身就是风险，但是这个风险对于企业成长来说是必须要承担的，因为产品是企业立足的根本。而对比明显的是 F 企业的总经理却认为没必要承担无谓的风险，只要产品是市场认可的，企业就有生存的基础。D 企业的总经理愿意承担风险的态度促进了该企业从儿童摄影领域跨向了婚纱摄影领域，促进了同行合作，开创了新的儿童摄影的系列产品。

最后，创业导向的先动性促进了企业产品开发上的先动性。B 企业因为掌握了其他同行没有掌握的政策和信息，从高考志愿填报咨询业务扩展到了考前课程培训业务，对一些高校资源的独占性为企业扩展了高校与培训学校的对接平台。E 企业因为对比国内同行先了解国外市场需求，所以一直处于工业锁领域的领先行列，并且对比国内外柜子行业的差异，在国内最先投入塑料柜产品，在国外市场先于竞争对手研发出耐水性极高的游艇锁。

据此，本研究提出命题 2：企业创业导向能够提升企业的新产品开发能力。

三、高层管理者关系、机会获取与企业创业导向的关系

在前面的理论预设中，本研究提出高层管理者关系通过影响企业机会获取而促进创业导向的形成，而这个作用机理也在从这6个案例企业得到的数据中有所体现。

机会是创业活动产生的开始。在与商业伙伴、客户、供应商维系的关系中，会为企业带来一些机会，使得企业有机会进入新的领域，从事新的事业。而一种新的进入、新的尝试会提升企业在某一方面的机会敏感性以及内部的资源整合能力，使得企业能够不断地遵循此轨迹，将企业发展壮大。A企业总经理最初从事于外贸企业，后来因为有很多老乡在各行各业经营企业，通过整合资源，成功将企业转型为生产加工企业，产品由以前的国际市场逐渐回归到国内市场。为了在国内市场立足，A企业的核心放在产品品牌的构建上。行业环境决定了具有创新性、高质量的产品才是企业品牌价值的核心。因此，A企业总经理重视创新，而客户是衡量产品的标准，所以A企业非常重视与其客户的联系。A企业总经理认为，在企业的若干创新互动中，产品的功能性改进对企业来说是最具风险的。风险主要来源于两个方面：第一是改进的功能市场是否接受，这关系着企业直接利润的来源；第二是企业要承担的成本，包括开模、打样品、耐疲劳测试等。而企业也没有因此放弃产品性能的改进。客户企业有一个地产项目因为其架构设计，需要改变一个产品的打开方向和提升其耐受力，A企业承接了这个任务，并利用这个机会丰富了企业定制化成品系列的种类。A企业在创新的过程中非常重视客户反馈的意见，并不断地提升自身在产品创新、产品性能改进方面的能力。B企业利用现有的平台，在不断地向不同的培训领域扩张。从最初的高考咨询业务开始，B企业总经理不断整合身边的资源，创建了现在的艺术培训学校，并与政府、一些有实力的商业伙伴建立联系，从不同的培训业务出发，让自己企业的业务多元化。B企业总经理从客户那里获得了一个景区电瓶车职业技术培训的机会，由于自己本身具有培训的资源，而且能够利用政府关系获得技能培训审批资格，所以该机会使得企业能力从高考培训领域扩展到技能培训领域。C企业与厦门政府的友好关系为其提供了在厦门建厂的机会，为此推进了其与客户

的联系。C企业自从在中国大陆建厂之后，对企业能力的发展有极大的提升。首先，进入中国大陆市场直接提升了产品销售额。C企业经理说，"早期在台湾地区，一个月产量大概也就一两百万套，来到这边后，一个月生产上千万套"。其次，在地理位置上更接近顾客，更能把握市场需求。C企业会根据顾客要求不断创新，与此同时，C企业经理也强调了企业管制、现场管理方式的改进为他们不断完善产品品类提供了可能。因为考虑到与顾客地缘便利带来的收益，C企业在后续选厂的过程中也尽可能接近客户，这种频繁、持续的联系，保证了企业的创新和发展。E企业从工业锁领域向柜子领域扩充的时候，正是因为刚好有客户也要自己创业，所以促成了该企业向铁皮柜子领域的扩充。当企业开辟出柜子这项业务后，随着业务能力的不断提升，企业增加了对此领域的了解程度，企业的柜子业务能力以及资源也逐渐成熟。而这种熟悉程度和企业的业务能力提高了E企业总裁对柜子行业的业务敏感度。当有顾客需要塑料柜子的时候，E企业总裁发现在中国大陆市场并没有企业经营塑料柜子，所以他果断开始研发生产塑料柜子。由此，E企业开辟了第二大业务领域模块，即塑料制品。

据此，本研究提出命题3：高层管理者商业关系和政治关系正向影响企业的机会获取，进而促进企业创业导向的形成。

第六节 本章小结

本章按照探索性案例研究的规范步骤和相关要求，在提出理论预设的基础上，通过对6家企业的探索性案例研究，剖析了高层管理者关系对新产品开发能力的影响机理，发现高层管理者关系会影响企业的创业导向，进而影响新产品开发能力，而这种创业导向的形成是在机会获取的基础之上的，即机会获取在高层管理者关系与创业导向间发挥中介作用。案例分析的结论支持了本研究提出的理论预设。

同时，本章的研究受到案例企业数量和对变量定性测量的限制，一定程度上限定了变量的变异程度，可能会影响理论结论的效度。案例的数据证明了高层管理者关系、机会获取、创业导向和新产品开发能力之间的关系，但其结论是在 6 个案例研究的基础上得到的，其理论结论的概化程度有限。因此，本研究的下面章节将在借鉴相关研究的基础上，对案例得出的概念模型进行大样本的统计实证研究，并借鉴已有研究和相关理论视角，从外部环境和企业特征两个视角，引入环境不确定性和企业规模两个调节变量，更精细地对模型进行实证检验。

第五章　高层管理者关系与新产品开发能力的模型构建

通过第四章的探索性案例分析，初步发现高层管理者关系对新产品开发能力有正向的影响，并进一步提出这种影响是源于高层管理者关系会影响企业的机会获取，进而促进创业导向的形成，最终作用于企业新产品开发能力来实现的。本章针对第四章得到的初始概念模型，进一步对高层管理者关系影响新产品开发能力的机制进行理论分析，并引入环境不确定性和企业规模两个变量，探讨其在上述影响关系中的调节作用，进而得到本研究细化后的概念模型。

第一节　变量界定

一、高层管理者关系（Top Managerial Ties）

Geletkanycz 和 Hambrick（1997）认为，高层管理者关系是高层管理者与外界组织的交互活动，是组织的跨边界行为。在现有研究中，管理者关系也被称为"管理者社会关系"。Peng 和 Luo（2000）基于中国情境，认为管理者关系是企业高层管理人员愿意花时间和精力建立与维护的私人关系，在市场竞争中能给企业带来各种便利。Peng 和 Luo（2000）将管理者关系分为两类：一类是与其他企业，包括供应商、客户和竞争者之间建立的商业关系；另一类是与政府官员建立的政治关系。郭海等（2011）认为，在中国，管理者关系更多地体现为个体之间的"关系"，是对市场和制度环境不确定性的有力补充。本研究的高层管理者关系概念借鉴 Peng 和 Luo（2000）的定义，即高层管理者关系是企业高层管理人员愿意花时间和精力建立与维护的私人关系，在市场竞争中能给企业带来各种便利。为了更进一步分析不同类型关系的作用机理，本研究选择高层管理者商业关系和政治关系两种基本的关系模式。高层管理者商业关系是管理者与其他企业、合作伙伴等商业组织的管理者之间建立的非正式的社会联系；高层管理者政治关系是指企业管理者和各级政府、监管部门的官员之间建立的非正式的社会联系。在转型经济下，商业关系与政治关系的影响不同，因此，本研究在此基础上探讨高层管理者关系对企业战略选择及企业能力的影响。

二、机会获取（Opportunity Capture）

Shane 和 Venkataraman（2000）认为，机会就是能够以高于成本的价格被引进和出售的新的产品、服务、原材料等。Eckhardt 和 Shane（2003）认为，机会是通过新的方式，为达成新的目标而形成新的产品、服务、原材料、市场和组织行为的状态。Singh（2001）认为，机会不仅仅是向市场提供创新的产品或服务，也是改善现有的产品或服务，或者在不饱和市场模仿有利可图的产品或服务。林苞（2013）强调，机会是其他人不知道或其他人未加以利用的获利可能。Short 等（2010）认为，机会源于被发现或者被创造。张红和葛宝山（2014）强调，创业机会应该包括利润机会，因为任何的创业行为都是追逐利润的行为，创业机会是对产品或者要素市场存在的不完全性进行开发的可能性，使得创新、改善后模仿的产品、服务、原材料或组织方法在这些市场上得以被提供。综合上述机会的概念，本研究认为，机会是市场中客观存在的，包含利润机会在内的，能通过新的或改善后模仿的产品、服务、原材料或组织方式等获得利用的一种状态。机会获取是对机会的追求和快速响应，并利用机会来实现企业增长的能力（Short et al., 2010; Li et al., 2014）。

三、创业导向（Entrepreneurial Orientation）

Miller（1983）提出了创业型企业的概念，将其定义为致力于产品市场创新和风险事业创建并通过超前行动来击败对手的企业，并认为可用创新性、风险承担性、超前性三个维度来描述创业型企业。创新性是指企业支持新想法、试验及创造性过程的倾向，这些新想法和活动可能促进新产品、过程及商业模式的引进；风险承担性是指企业将资源投入收入不确定性项目的意愿；超前性也称为先动性，是指企业积极地进入新产品或市场，寻求市场领导者的位置。Lumpkin 和 Dess（1996）首次明确提出了"创业导向"的概念。Miller（2011）发现，创业导向不能单纯地被认为是一种态度或者行为，它是态度和行为的集合。本研究借鉴 Miller（1983）的定义，将创业导向视为企业所呈现出的具有创新性、风险承担性和超前性的一种战略姿态。本研究主要聚焦在企业层面的创业导向，将创业导向视为反应型二阶模型，认为创业导向是一个由创新性、风险承担性和超前性所反映的潜变量，各维度之间高度相关，且各维度之间具有相同的前因变量和结果变量。

四、新产品开发能力（New Product Development Capability）

学术界对新产品开发能力这一概念还没有形成统一的认识。现有研究中存在的同义概念有"产品开发能力"以及"产品创新能力"等概念，Danneels（2008）认为，新产品开发能力是企业有目的地重构产品组合的一种组织惯例。Schilke（2014）认为，企业新产品开发能力是企业的一种具体的动态能力。本研究立足于 Danneels（2008）和 Schilke（2014）的研究，将新产品开发能力视为基于组织惯例的动态能力，新产品开发能力表现为组织在新产品开发过程中形成的能够持续地、有效地协调组织内部流程，实现整合新产品开发所需的特定知识的能力。

五、环境不确定性（Environmental Uncertainty）

环境不确定性对于解释组织的状态以及组织绩效表现是重要的变量。在战略研究中，组织外部环境主要包含了总体环境（经济、社会、政治、科技、生态环境）或者任务环境（由竞争者、供应商、顾客、管制者组成的会直接影响组织目标实现的相关主体）。所以，本研究中的环境不确定性水平主要指组织外部环境即总体环境或任务环境的不确定性水平。环境不确定性指管理者由于缺乏信息或能力，对组织所处的环境或对未来技术和市场的变化感到无法预测的一种状态（俞仁智等，2015）。环境的主要特征是其本身和主体感知到的不确定性（李大元，2010）。本研究中的环境不确定性是指高层管理者对环境不确定性的感知，是源于决策时对于相关环境因素信息的缺乏，无法得知决策的结果，无法预测环境对决策的影响。

第二节 研究假设

一、高层管理者关系对机会获取的影响

中国是高度关系导向的社会体系，关系在个体的信息交流、资源获取及结构性支持获取方面发挥着至关重要的作用（Luo and Chen，1997；Luo，2007）。管理者关系本身无法为企业带来任何收益，而是作为沟通渠道发挥其隐性沟通和资源获取的作用（Luo and Zhong，2005）。关系只是一种获取信息和资源的途径（高宇、高山行，2010）。高层管理者与其他企业管理者之间建立的商业关系是企业获取市场信息的途径，与政府官员建立的政治关系是获取政府政策信息的途径。Eisenhardt 和 Martin（2000）认为，掌握实时信息能够建立管理者的市场敏感性。通过与其他伙伴企业管理者的社会联系获得的市场、供应链方面的信息，可以实现和促进与伙伴企业间的合作，有利于发现市场中存在的机会。与供应商企业管理者间的关系能够使企业掌握原材料市场的最新动态，与客户企业管理者间的关系能够使企业发现产品或服务市场新的需求。高层管理者的商业关系有利于企业获取市场需求变化的信息，有别于企业现有知识的外部多样化的信息，能够帮助企业发现更多的机会。政治关系有助于企业获得重要的监管资源（王永健、谢卫红，2015），是企业获得政策信息的渠道（Peng and Luo，2000）。Shi 等（2014）强调，市场经济制度的不断完善并不会使政治关系快速"贬值"，企业依旧可以通过政治关系获取管制信息和各种资源。与政府官员的关系可以使企业获得政策、制度变化的相关信息，可以通过分析和预测政策、制度变化而捕捉机会。政府在转型中的中国的地位不可替代，机会往往与政策相联系，高层管理者的政治关系有

利于管理者获取政策、制度、政府资源等带来的机会。

高层管理者的商业关系和政治关系带来的信息效应对机会的识别至关重要（Shane and Venkataraman, 2000）。机会获取是对机会的追求和快速响应，并利用机会来实现企业增长的能力（Short et al., 2010; Li et al., 2014）。机会获取包括企业发现机会和利用机会。企业处在一系列的机会流中，通过有效地获取机会，企业可以获取相对应的竞争优势（Wiggins and Ruefli, 2005）。机会的发现是社会信息的分布函数，机会对于每个企业的明显程度和清晰程度不同（冯军政等，2015）。这种机会认知的差异受到高层管理者获取信息渠道的影响。高层管理者关系提供了可能的信息获取渠道，信息的可靠性更多地取决于企业与社会网络中其他行动者的关系，Baron（2006）认为，拥有更广泛社会网络的创业者更能成功地抓住机会。关系所带来的影响力会增加关系拥有者对信息的重视程度，进而可能会促进其搜罗一系列相关信息，增加发现机会的可能性。高层管理者关系网络能够为企业提供多样化的信息和机会，能够为企业积累丰富的经验，而丰富的先验知识有利于企业在未来获取新机会。关系能够增强信息的时效性及信息的质量，使得关系的拥有者能够在信息成为公众信息之前识别机会。高层管理者通过关系所获取的信息和资源能够使其掌握更多可靠有效的信息，有利于企业凭借其所处环境的信息不对称性，更好地甄别机会。高层管理者关系也会为企业获取未被利用的稀缺资源提供可能。中国的大多数企业都处在信息不对称和资源稀缺的市场环境中，企业想要通过市场机制的正式渠道获取有价值的资源的难度较大，成本较高，而高层管理者关系所带来的未开发、未被利用的稀缺资源会增强企业捕捉机会的可能性。

基于此，本研究认为：

H_1：高层管理者商业关系对机会获取有显著的正向影响。

H_2：高层管理者政治关系对机会获取有显著的正向影响。

二、机会获取对创业导向的影响

创业活动源于企业对机会的识别和利用（Shane, 2012）。机会获取是组织对机会的追求和快速响应，并利用机会来实现增长的能力（Short, 2010），是企业边界的不断扩展，每次新的尝试都是对未知区域的探索，从而积累稀缺资源或经验曲线效应（吴建祖、龚雪芹，2015）。Bingham 等（2007）认为，过去的经验会影响机会获取的决策制定。企业在选择和利用机会的过程中会形成一种认知和行为惯例，有利于企业简化组织决策过程，提高组织决策效率，增强对未来机会的把握概率。Yusuf 和 Saffu（2005）强调，高效率的创业活动依赖于组织对外部环境中突然出现的创业机会的迅速识别和把握能力。Teece 等（2007）认为，机会的捕捉需要组织拥有高质量的投资决策能力的支持。Hodgkinson 和 Healey（2011）主张，基于外部环境的决策需要两方面的考虑：一是积极评估和选择机会并快速地整合组织资源；二是要及时地调整和消除决策惯性以及战略固化。评估、选择机会及快速整合资源体现为组织的机会获取能力，而及时地消除决策惯性则是管理者认知的体现，这就解释了为什么只有一部分人、一些企业能够捕捉到机会。

Eshima 和 Anderson（2017）认为，创业导向潜在的价值创造取决于资源投入之前高层管理者对机会的感知。高层管理者自身经历所形成的能力和认知模式影响机会的识别（Pryor et al.，2016），管理者在机会获取中积累的经验知识能够帮助管理者将外部环境中与机会和资源有关的信息有效利用，进而影响管理者识别更多新的机会，为企业在市场、产品方面的创新提供可能。企业资源整合能力影响其机会利用（Ozdemir et al.，2016），机会获取能够促进企业整合资源、利用机会的能力的积累。企业资源积累多是从过去经验和经历中获得的能力积累（朱秀梅等，2013b）。机会获取过程积累了企业整合资源、利用机会的能力。机会获取能力提升了企业把握机会的可能性，进而增加机会吸引力，提升高层管理者风险承担的信心。McMullen 和 Shepherd（2006）认为，创业决策追寻的机会通常是按可能感知到的或者愿意忍受的不确定性来分类的。影响管理者利用机会的是风险接受程度而不是风险倾向（Carolis and Saparito，2006）。当高层管理者确定机会有足够大的吸引力，认为机会对企业有价值时，将会充分利用机会提升企业价值。高层管理者在获得稀缺资源后还需要及时调整创业策略，保证企业创业活动的开展（Baron，2006）。管理者识别机会能力的积累增加了组织对机会的敏感程度，资源整合能力的积累缩短了对机会的响应时间，使企业能先于其他竞争对手采取行动。因此，机会获取有利于促进企业创业导向的形成。

基于此，提出以下假设：

H_3：机会获取对创业导向具有显著的正向影响。

三、创业导向对新产品开发能力的影响

在激烈的市场竞争中，新产品开发是企业生存发展及利润增长的关键（Acur et al.，2012）。市场环境充满了动态性，企业必须通过改善和发展新产品开发效率和效益来推进产品发展速度（Shen et al.，2013）。企业如果拥有较强的新产品开发能力，则能在市场竞争中形成竞争优势，从而实现长期增长。新产品开发是一项极为重要的战略性活动（Sherman et al.，2005）。产品或技术的特征、战略特征、企业过程特征或市场特征等是不同企业在新产品开发成功率上差别化的主要原因（Sherman et al.，2005）。

创业导向在组织中表现为通过创业过程和行为呈现出来的组织的状态（Ireland et al.，2009）。创业导向这种战略姿态具体表现为企业的创业行为是随着时间而持续的。公司创业理论认为，由于动态能力是组织动态适应环境变化的能力，因此，蕴含在企业内部的以创新性、行动超前性与风险承担性为主要特征的创业导向对企业动态能力建设与提升起着至关重要的作用（焦豪等，2008）。新产品开发能力指企业有目的地重构组织产品组合的一种组织惯例（Danneels，2008；Subramaniam and Venkatraman，2001），是企业的一种动态能力（Schilke，2014），实施创业导向的企业能够促进其新产品开发能力的形成和提升。

创业导向拥有追求创新、风险承担和超前行动的战略姿态构成了组织的内部环境（宋典等，2011）。创新是创业导向的核心特质，以创新为导向的企业会投入更多的资源在新产品开发上。Hambrick 和 Schecter（1983）发现，高创新型企业的新产品开发和市场扩张在企业经营行为中占比比较高。Zahra 等（1999）认为，创新行为能够促进组织内部知识的流动、传播和扩散。创新氛围支持员工对新技术的追求，勇于承担风险、积极试错，通过深入洞察环境变化，搜集前沿尖端科技或市场动态信息，开拓全新的产品和市场（刘景江等，2011）。浓厚的创新氛围会给员工营造一种信息共享、组织支持的工作氛围，使得员工对工作的责任感增强，为了解决问题更愿意去与其他人进行交流、合作（宋典等，2011）。在创业型企业内部所形成的这种员工间的交互能够提升企业的新产品开发

能力。

拥有创业导向的企业表现出持续的、愿意从事不确定行为的创业活动的管理态势（Covin and Lumpkin，2011）。创业导向代表着企业勇于创新、尝试创新的行为倾向，愿意从事和支持新想法、新事物、新试验，直接促成新产品、新服务、新技术工艺以及追求创造的技术创新解决方案。新产品开发是一项需要从不断试错中学习的过程。创业导向所呈现出来的愿意从事不确定行为的意愿能够促进企业不断试错，提升企业从事新产品试验的可能性。这种不断试错的重复性实践行为才能促成企业新产品开发能力的形成。新产品开发能力源于企业新产品开发过程中的重复性的实践积累（Eisenhardt and Martin，2000）。

创业导向的先动性有助于企业先于竞争对手掌握市场信息而采取行动。新产品开发能力是动态能力的一种表现形式。Teece等（1997）认为，动态能力是企业通过内外部竞争能力的整合、构建及重置来应对外部环境动态性的能力。动态性主要体现在企业对其竞争能力的更新，以实现与外部环境的变化保持一致；动态能力中的能力更多地强调的是通过战略管理来实现整合、构建和重构组织内外部资源、技术来适应环境变化的惯例形成。因此，先动性使得企业能够从外部环境中获得实时信息，并通过企业内部流程的调整来规范其生产流程，提升企业开发新产品的能力。

基于此，提出以下假设：

H_4：创业导向对新产品开发能力具有显著的正向影响。

四、机会获取与创业导向的中介作用

（一）机会获取在高层管理者关系与创业导向间的中介作用

Ander和Helfat（2003）的研究发现，不同的战略决策是源于管理者的不同认知。管理者的认知会受到组织内外部信息以及管理者背景、经历和个性等的影响（Nadkarni and Barr，2008）。管理者的认知是理性认知过程和感性认知过程的有机结合（邓少军、芮明杰，2009）。关系作为中国文化的重要组成部分，会影响个体的认知和决策信息的获取，因而关系会影响高层管理者的企业战略选择与实施。Elfenbein和Zenger（2014）认为，创业活动中的知识创造和机会利用更多地依赖人情关系。社会资源和社会网络是客观的，而将其转化为创业网络和创业资源的行动是主观的（潘安成、李鹏飞，2014）。管理者与组织外部的其他个体所构建的关系网络是管理者掌握组织外部信息的重要来源，强化了组织获取、处理外部信息的能力，能够为企业高质量的信息决策提供信息保障。Moran（2005）发现，管理者的商业关系能够帮助组织获得其他竞争对手并未发现的客户需求，从而能发现和把握机会。管理者的关系网络代表着其信息获取的渠道，拥有宽的信息获取渠道的企业能够形成多个决策备选方案，进而增加了企业进行高质量决策的可能性。任何创业活动都嵌入在社会网络中（Jack et al.，2010），创业成功的推动力量是持续地获得资金、信息、社会认同、情感支持等（潘安成、李鹏飞，2014）。

创业导向是组织基于机会的战略选择，高层管理者对待机会的方式决定了企业创业活动的结果（Eckhardt and Shane，2003）。正如本研究之前所陈述的，高层管理者的商业关系和政治关系是管理者获取有效信息的渠道，这些信息会影响管理者对机会的识别。机会获取是组织在追求和响应机会的过程中形成的能力，这种能力能够积累企业发现机会、利用机会的知识和经验，进而提升企业承担风险的意愿和先动性。Eshima 和 Anderson（2017）认为，创业导向潜在的价值创造取决于资源投入之前高层管理者对机会的感知。高层管理者自身经历所形成的能力和认知模式影响机会的识别（Ozdemir et al.，2016），管理者在机会获取中积累的经验知识能够帮助管理者将外部环境中与机会和资源有关的信息有效利用，进而影响管理者识别更多新的机会。机会获取能积累企业整合资源、利用机会的能力。机会获取能力提升了企业把握机会的可能性，进而增加了机会吸引力，提升了高层管理者承担风险的信心。信息处理理论认为，企业的战略决策是基于递增式和框架式两类信息处理模式进行决策。框架式决策模式是战略决策者兼顾当前问题和未来发展的综合决策过程。Busenitz 和 Barney（1997）认为，在创业模式下，决策者更倾向于采取以启发式为代表的框架式决策模式，这是由于机会转瞬即逝，创业者无法等待消息储备完全后再做周密决策，而是要依赖启发式决策模式迅速做出判断（McGrath et al.，1992）。而企业的机会获取能力能够提升企业启发式决策的速度和效率，进而使企业后续面对机会时能够先于竞争对手做出战略反应。

因此，基于以上分析，本研究认为：

H_5：机会获取在高层管理者商业关系和创业导向之间发挥中介作用。

H_6: 机会获取在高层管理者政治关系和创业导向之间发挥中介作用。

(二) 机会获取、创业导向在高层管理者关系与新产品开发能力间的链式多重中介作用

高层管理者关系作为一种重要的社会资本,能够帮助企业解决资源困境(Li et al.,2008),应对管理环境的不确定性(Li and Zhou,2010),进而改善企业绩效(Adler and Kwon,2002)。管理者的行动嵌入在人际关系网络中(Geletkanycz and Hambrick,1997;Uzzi,1997),社会嵌入性在中国就表现为"关系",关系在促进企业间、企业与政府合作方面仍然有巨大的潜力(赵蓓,2004)。高层管理者关系是实现企业隐性沟通和资源获取的有效渠道,为企业获取信息和资源提供了途径。机会的发现是社会信息的分布函数,机会对于每个企业的明显程度和清晰程度不同(冯军政等,2015),这种机会认知的差异受到高层管理者获取信息渠道的影响。而高层管理者关系为企业获得可靠信息提供了渠道,管理者与商业伙伴、政府官员间建立的信任关系增加了其对所获信息的信任程度。信息的广泛性和信息的可靠性会影响管理者对机会的辨识。因此,与其他组织间建立的关系提高了高层管理者获取机会的可能性。

管理认知是管理者通过自身有目的的活动来认识外部知识,并做出行为反应的过程(Walsh,1995)。王涛等(2012)认为,管理认知有利于企业能力的构建。机会获取是对机会的追求和快速响应,并利用机会来实现企业增长的能力(Short et al.,2010)。管理认知可以帮助管理者在一定的时间、空间范围内主动接受外部信息,并决定着这些信息如何被解读,以及形成相应的管理决策来影响企业行为。Sepherd(2003)的研究发现,联系创业者在创业过程中所积累的知识,有利于其在后续创业过程中识别更多的、创新性更强的机会。机会获取过程中企业积累的知识能够帮助企业实现外部环境中与机会和资源有关的信息的有效转化,进而影响后续的机会识别和资源获取。组织生存和发展的关键是战略决策。影响组织竞争优势和绩效的企业所拥有的独特资源和能力是战略决策的结果。本研究发现,企业的创业导向是基于机会获取的企业战略姿态选择。

创业导向关注的是企业创业过程中的类型和方法,实践与决策的风格,以及创业中的创新内容(Lumpkin and Dess,1996)。创业导向的绩效产出的变数较大(Wiklund and Shepherd,2011)。并不是所有的创业行为

和活动都能为企业带来利润。企业创业行为的最终成功与否体现在企业能否开发出具有市场价值的产品,因此,创业型企业更注重新产品开发能力的构建和维持。创业导向型企业的创新氛围有利于促进组织内部员工创新,有利于构建促进组织内部各部门之间相互交流的和谐氛围。对于企业来说,新产品开发是基于不断试验、不断改进的基础上的,新产品开发要承担风险,创业导向型企业积极对待风险的态度为新产品开发提供了可行性。创业导向型企业的先动性有利于企业先于竞争对手掌握市场动态,把握新产品的开发时机,积极组织实施新产品开发,进而保证了新产品的市场竞争性。

基于此,本研究认为:

H_7:机会获取、创业导向在高层管理者商业关系和新产品开发能力之间发挥中介作用。

H_8:机会获取、创业导向在高层管理者政治关系和新产品开发能力之间发挥中介作用。

五、环境不确定性与企业规模的调节作用

为了更深入地分析高层管理者关系对创业导向的作用机理,本研究尝试探究高层管理者关系对企业创业导向的作用边界。Short(2010)认为,联系机会和其前因及结果变量的纽带受到社会环境与个体内部环境等因素的影响。本研究尝试从高层管理者所处的外部环境和内部环境分析高层管理者关系对创业导向的作用机制。从高层管理者要面对的外部环境出发,Simon等学者认为,高层管理者决策所依据的外部环境不是纯粹外生的,而是基于高层管理者对环境的认知,管理者对环境的解释决定了企业对环境的反应。当高层管理者感知环境不确定性增加时,其对有效信息的辨识度会降低。Short(2010)认为,风险和不确定性会影响企业的机会识别和发现。McMullen和Shepherd(2006)主张,管理者对机会的获取取决于他感知或者愿意承受风险的程度。因此,本研究引入环境不确定性作为一个调节变量,分析其对高层管理者关系和创业导向间作用机理的影响效应。从高层管理者自身出发,高层管理者关系是管理者将自己的社会关系资源服务于企业经营与发展,而关系的本质是交换。高层管理者作为关系的拥有者,其自身的社会地位是决定关系所能摄取的资源数量和质量的重

要因素（苏敬勤等，2017）。高层管理者社会地位受到所在企业的特征的影响，企业规模越大代表企业资源越多。那么，不同规模的企业是否能够影响高层管理者关系对机会获取的作用效应呢？本研究引入企业规模作为另一个调节变量，分析其对高层管理者关系和创业导向间作用机理的影响效应。

（一）环境不确定性的调节作用

环境是存在于组织的边界之外，并且会对组织产生影响的要素的集合（武立东等，2012）。环境是企业的信息源，也是企业的资源存储地（李大元，2010）。物质环境本身是不稳定的，加上作为环境的重要组成因素之一的信息，管理者不可能全部获取并理解，这就造成了环境的不确定性。人们随着对资源的认知程度不断提升，开始追求较客观的理解环境不确定的缘由。管理者认知的有限理性在动态环境下更为突出（Augier and Teece，2009），这种有限理性源于复杂环境下所获信息的有限性以及管理者自身对信息认知能力的有限性（石盛林、黄芳，2017）。环境不确定性增加了管理者辨识外部环境复杂性的难度，限制了企业各方面的行动能力，增加了企业运营的风险。因此，管理者需要根据自己对外部环境的主观判断来调整企业战略，配置企业资源（尚航标、黄培伦，2010）。管理者认知会影响企业对外部机会的把握（Gavetti and Levinthal，2000）。在环境较为稳定的情况下，企业面对的环境是简单的、复杂性较低的，高层管理者能较为容易地预测未来市场的变化趋势（蔡俊亚、党兴华，2015），判断信息和资源的价值，并通过整合来自商业伙伴及政治关系的信息和资源，更加有效地把握市场和政策机会。高层管理者对资源和信息掌握程度的感知，能增强管理者承担风险的信心，因此其更愿意去捕捉机会。环境变化影响高层管理者认知的变化，进而引发企业战略行为的变化（尚航标、黄培伦，2010）。环境不确定性程度越高，环境的动态性和复杂性越强，机会出现得越快，消失得也越快（Choi and Shepherd，2004）。此时，管理者认知的有限性限制了管理者在某一时刻接触到的信息的数量（Feldman and March，1981），商业伙伴和政府官员所提供的资源和信息的时效性及有用性会大大降低，影响管理者对外部环境的判断，因此，可能错过捕捉市场机会的时机。Helfat等（2007）、Augier和Teece（2009）提出，机会的感知和捕捉都是有限理性的管理者"主观意识"发挥作用的结果。环境复杂性干扰了管理者对现有信息的判断,加大了验证和过滤信息的难度,使得信息的可靠性得不到保证,影响高层管理者对市场未来发展趋势的判断,高层管理者无法有效识别机会,往往会"以静制动"。

基于此,本研究提出以下假设:

H_9:环境不确定性在高层管理者商业关系和机会获取之间起调节作用。组织面临的环境不确定性越高,高层管理者商业关系对机会获取的正向影响就越弱。

H_{10}:环境不确定性在高层管理者政治关系和机会获取之间起调节作用。组织面临的环境不确定性越高,高层管理者政治关系对机会获取的正向影响就越弱。

本研究认为,环境不确定性可能通过机会获取对创业导向发挥有中介的调节作用。创业导向是一种资源消耗型战略态势。基于资源基础观,企业的价值增值可以通过新资源的获取实现,也可以通过对现有资源整合和利用来实现。创业导向是企业价值增值的战略态势之一,必定会影响到企业内部资源的重新配置。而当企业进行内部资源配置时,环境不确定性是一个需要考虑的重要的权变变量(杨卓尔等,2016)。结合假设 H_2 和 H_3,本研究认为,环境不确定性可能发挥有中介的调节作用。

战略学派学者认为,环境不确定性使得企业未来的经营发展具有不可预见性。创业机会是企业创业行为产生的契机(Shane and Venkataraman,2000),企业机会获取受到高层管理者机会认知的影响。当企业所处环境不确定性增强时,高层管理者关系所带来的信息效应会降低,高层管理者从商业伙伴、政府官员处所获得的有效信息会减少,高层管理者对外部环境的认知会变模糊,从而影响管理者对机会价值的认知效率和反应速度。当管理者感知到风险水平增加时,会减少从事风险行为(March and Shapira,2007),更不愿意去承担风险。复杂的环境使得管理者协调创业活动与现有业务的难度增大(Heavey et al.,2009)。潜在收益是管理者进行创业的动力所在(Gideon et al.,2002),高层管理者愿意将有限的资源投入到信息更全面、吸引力更大,其更能把握的创业机会中去。在环境不确定性高的情况下,高层管理者对机会价值的判断会模糊不清,对机会的辨识度会降低,企业则不会采取创业行为,进而影响企业创业导向的选择。

企业的战略选择决定了企业资源分配比例和重心(Zhou et al.,

2006)。Wales 等（2011）认为，企业是处于高创业导向（存在持续的创业行为）和低创业导向（无创业行为）的循环中的，当保守型战略导向能为企业带来收益时，企业会暂时放弃创业行为。与初创企业不同，成熟企业受到路径依赖和资源限制的影响，在创业过程中需要将管理者的注意力和组织资源从现有业务中转移到机会获取上。当高层管理者感知到机会能改变企业的竞争地位，同时不影响企业的生存时，才愿意去获取机会（Eshima and Anderson, 2017）。而当外部环境不确定性高时，企业现有业务未来的发展也受到挑战，高层管理者此时关注的重点是企业现有经营状态的维持，而不会过多关注企业外部机会和企业长远发展。因此，管理者的注意力会从外部的机会获取转向企业内部资源的整合与配置。

因此，本研究认为：

H_{11}：高层管理者商业关系与环境不确定性的交互对创业导向的影响通过机会获取的中介作用而实现，即环境不确定性较高时，高层管理者商业关系对机会获取的正向影响被削弱，从而削弱高层管理者商业关系对创业导向的正向作用。

H_{12}：高层管理者政治关系与环境不确定性的交互对创业导向的影响通过机会获取的中介作用而实现，即环境不确定性较高时，高层管理者政治关系对机会获取的正向影响被削弱，从而削弱高层管理者政治关系对创业导向的正向作用。

（二）企业规模的调节作用

现有研究发现，资源短缺类企业（新创企业、中小企业等）更愿意构建和维护与不同组织、政府部门间的管理者之间的关系，因为这种关系能够为企业带来资源，弥补企业发展过程中的所需资源。关系虽然能帮助企业简化复杂的社会环境，但是，在关系网络内部需要企业回馈或者与其他企业、当地政府交换利好（Luo, 2003；Walder, 1995），所以"关系"的本质是交换。现有研究发现，嵌入在网络结构相似的个体之间，也会存在因为其自身特征不同而使得个体所能获取到的资源和信息价值存在差异（Lin, 2001）。

社会经济系统中的信息和资源的分布呈现的是"金字塔"状的，这表现为在不同的阶层中信息和资源的分布并不相同。少数在"金字塔"顶端的人，占据着较高的社会地位，掌握着较多的社会资源，大部分在

"金字塔"底部的人，掌握的社会资源也相对较少（杨俊等，2009）。高层管理者从关系网络中获得的信息和资源的潜力取决于信息与资源拥有者在社会系统中的位置分布，高层管理者能建立联系的人的社会地位越高，就越可能获取到他人难以接触到的资源和信息（Lin，2001）。先前的研究发现，微观层面的管理者的社会特性与群体层面的企业行为的变量之间潜在地存在着联系（Acquaah，2007；Peng and Luo，2000）。这种存在着的宏—微观联系将管理者作为社会属性的关系与他所在的企业联系起来，进而将管理者个人层面的关系服务于他所在的企业（Park and Luo，2001；姜翰等，2009）。而高层管理者所在企业同样会赋予高层管理者相应的社会地位。当企业规模逐渐增大的时候，企业的高层管理者所能接触到的商业伙伴、供应商以及政府官员的层次都在逐步提升。高层管理者在决策的过程中考虑到搜寻和选择过程的成本，常常依赖于已有渠道来获取信息和建立参照标准（Geletkanycz and Hambrick，1997）。规模越大的企业的高层管理者所涉及的资源和信息是他人难以接触到的，因此，通过他们所获得的资源和信息的潜力越大，识别和发现机会的可能性会越大。

当企业规模较大的时候，企业社会影响力会逐渐增大，预示着企业高层管理者所能整合的资源在逐渐增多，这为企业管理者在关系交换中增加了筹码，有利于企业识别机会后快速整合资源，捕捉机会。机会获取受到企业整合资源效率的影响。当企业规模较大时，企业利用自身资源捕捉机会的可能性增大。机会的时效性和潜在的竞争对手决定了高层管理者只有在识别机会后以最短的时间把握住机会，才能有效地利用机会并在与后来者的竞争中占据先动优势（杨俊等，2009）。另外，当高层管理者所在企业规模较大时，能与社会地位较高的资源拥有者建立关系，此关系能给企业带来有利的声望和符号价值，从而扩大企业整合资源的范围，提升企业机会获取能力。

基于此，本研究认为：

H_{13}：企业规模在高层管理者商业关系和机会获取之间发挥调节作用，规模越大的企业通过高层管理者商业关系促进机会获取的可能性越大。

H_{14}：企业规模在高层管理者政治关系和机会获取之间发挥调节作用，规模越大的企业通过高层管理者政治关系促进机会获取的可能性越大。

同时，本研究认为，企业规模可能通过机会获取对创业导向发挥有中介的调节作用。高层管理者的决策行为从动机产生到行为实现的过程中，起主导作用的是情境影响下的管理认知（苏敬勤等，2017）。Busenitz（1997）认为，高层管理者的认知是有关机会的确定、组织建立和成长的评估、判断方面的独特的心理过程与知识结构。管理认知是高层管理者在情境的影响下逐渐形成并不断被强化的。高层管理者与商业伙伴、供应商、客户以及同行其他企业的高层管理者形成的社会连接并构成的企业家社会圈子，会影响管理者的认知。高层管理者的行业地位、价值链地位以及所在企业的竞争优势地位都会影响企业家在其社会连接中的信息和资源交换（苏敬勤等，2017）。相对于小企业来说，规模大的企业拥有更多的资源，在行业中具有一定的影响力，具有较强的竞争优势。规模大的企业的高层管理者更有可能与其他生态位较高的企业管理者建立社会关系，从而获取到小企业管理者触及不到的资源和信息。另外，企业规模较大的高层管理者相对于小企业的高层管理者更有能力在构建社会连接行为的过程中实现交换行为，而长期的成功交换能够增强双方的信任感，构建长期的关系合约，实现双方的利益合作（苏敬勤等，2017）。

高层管理者在与外界的交互过程中，信息的独占性以及信任关系的构建使其更容易识别机会。相对于规模较小的企业，大规模的企业更有资源实力去捕捉机会，规模大的企业拥有更丰富的资源。在机会获取的过程中，高层管理者会拥有更多的资源用以支配，在保证现有业务蓬勃发展的同时有更可能性来开展新的业务。同时，规模更大的企业因为更具有社会影响力和感召力，所以，相对于小企业来说，能够通过整合企业外部资源来进行新的业务开拓。

因此，本研究认为：

H_{15}：高层管理者商业关系与企业规模的交互对创业导向的影响通过机会获取的中介作用而实现，即企业规模越大时，高层管理者商业关系对机会获取的正向影响被加强，从而加强高层管理者商业关系对创业导向的正向作用。

H_{16}：高层管理者政治关系与企业规模的交互对创业导向的影响通过机会获取的中介作用而实现，即企业规模越大时，高层管理者政治关系对机会获取的正向影响被加强，从而加强高层管理者政治关系对创业导向的正向作用。

在上述理论分析后，本研究提出细化后的研究模型，如图5-1所示。

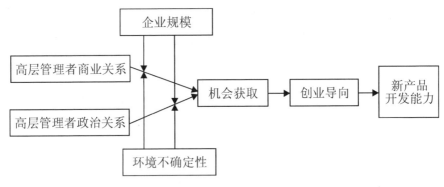

图 5-1 细化后的研究模型

第三节 本章小结

本章在第四章得出的高层管理者关系影响新产品开发能力的初步假设命题基础上,结合相关文献对初始命题进行更为深入的分析,通过高层管理者的商业关系和政治关系两个维度,提出机会获取和创业导向的中介作用,环境不确定性和企业规模的调节效应,剖析了高层管理者关系通过机会获取、创业导向进而影响新产品开发能力的作用机制,分析了环境不确定性和企业规模的有中介的调节效应。

本研究提出,高层管理者的商业关系和政治关系对机会获取有正向影响,机会获取对企业创业导向有正向影响,创业导向对新产品开发能力有正向影响。在这个过程中,机会获取在高层管理者关系与创业导向之间发挥中介作用,机会获取和创业导向在高层管理者关系与新产品开发能力之间发挥链式多重中介作用。此外,本研究在理论分析的基础上,引入环境不确定性和企业规模两个调节变量,并认为环境不确定性通过影响企业机会获取而削弱高层管理者关系对创业导向的影响,而企业规模会通过影响企业机会获取而增强高层管理者关系对创业导向的影响。本研究所提出的研究假设汇总见表 5-1。

表 5-1　高层管理者关系对新产品开发能力作用机制的研究假设汇总

H_1：高层管理者商业关系对机会获取有显著的正向影响
H_2：高层管理者政治关系对机会获取有显著的正向影响
H_3：机会获取对创业导向具有显著的正向影响
H_4：创业导向对新产品开发能力具有显著的正向影响
H_5：机会获取在高层管理者商业关系和创业导向之间发挥中介作用
H_6：机会获取在高层管理者政治关系和创业导向之间发挥中介作用
H_7：机会获取、创业导向在高层管理者商业关系和新产品开发能力之间发挥中介作用
H_8：机会获取、创业导向在高层管理者政治关系和新产品开发能力之间发挥中介作用
H_9：环境不确定性在高层管理者商业关系和机会获取之间起调节作用。组织面临的环境不确定性越高，高层管理者商业关系对机会获取的正向影响就越弱
H_{10}：环境不确定性在高层管理者政治关系和机会获取之间起调节作用。组织面临的环境不确定性越高，高层管理者政治关系对机会获取的正向影响就越弱
H_{11}：高层管理者商业关系与环境不确定性的交互对创业导向的影响通过机会获取的中介作用而实现，即环境不确定性较高时，高层管理者商业关系对机会获取的正向影响被削弱，从而削弱高层管理者商业关系对创业导向的正向作用
H_{12}：高层管理者政治关系与环境不确定性的交互对创业导向的影响通过机会获取的中介作用而实现，即环境不确定性较高时，高层管理者政治关系对机会获取的正向影响被削弱，从而削弱高层管理者政治关系对创业导向的正向作用
H_{13}：企业规模在高层管理者商业关系和机会获取之间发挥调节作用，规模越大的企业通过高层管理者商业关系促进机会获取的可能性越大
H_{14}：企业规模在高层管理者政治关系和机会获取之间发挥调节作用，规模越大的企业通过高层管理者政治关系促进机会获取的可能性越大
H_{15}：高层管理者商业关系与企业规模的交互对创业导向的影响通过机会获取的中介作用而实现，即企业规模越大时，高层管理者商业关系对机会获取的正向影响被加强，从而加强高层管理者商业关系对创业导向的正向作用
H_{16}：高层管理者政治关系与企业规模的交互对创业导向的影响通过机会获取的中介作用而实现，即企业规模越大时，高层管理者政治关系对机会获取的正向影响被加强，从而加强高层管理者政治关系对创业导向的正向作用

第六章 高层管理者关系与新产品开发能力的实证研究

在第五章中,通过相关理论分析得到本研究的主要研究模型。本章将对理论模型和研究假设进行实证检验。本研究采用问卷调查的方法对研究假设进行检验。通过收集样本企业数据,运用统计回归等定量研究方法对理论模型的所有假设进行逐一验证,并对研究结果进行分析和讨论。

第一节 研究设计

在本节中,先对本研究的实证检验流程进行简单介绍,然后对研究设计部分进行详细的阐述,主要包括问卷设计、变量测量、数据收集、样本概况及共同方法偏差五个部分。

一、实证检验流程

本研究的实证检验流程如图 6-1 所示。为了验证理论模型,本研究借鉴国内外成熟量表来测量核心变量,设计调研问卷,对回收问卷进行有效性检验,采用恰当的方法检验假设,并对检验结果进行深入分析。

二、问卷设计

(一)问卷设计方法和内容

问卷调查法作为统计调查研究方法之一,是管理学中常用的资料收集

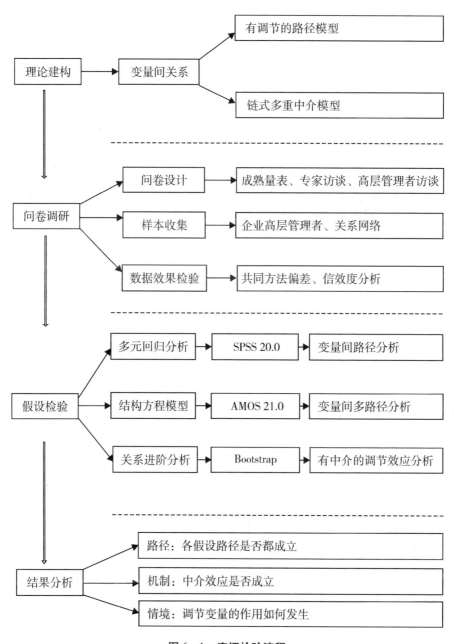

图 6-1 实证检验流程

方式（李怀祖，2004）。本研究选择采用问卷调查法进行研究是因为：①本研究的研究主题是高层管理者的个人关系对组织战略选择、能力的影响，高层管理者关系因研究对象的不同而绝对具有独特性，没有二手数据来记录。②组织的战略选择和能力的形成会受到组织内外部环境和组织的影响，这个环境会因为企业所处的行业、所在的区域等因素产生差异，很难从客观数据来刻画企业的战略选择和能力形成。同时，企业能力的形成具有较强的路径依赖性，因此，选择通过问卷调查方式来获得相关研究数据。

考虑到一般人对超过5级的选项，难以有足够的辨识力，本研究所有变量测量题项均采用李克特5点量表进行评分，即通过填写问卷者在态度、行为、事件上的认同程度进行选择，数字"1～5"表示问卷测量题项符合企业现实状况的一致程度，数字越小代表该问卷测量题项与企业现实状态的符合程度越低，数字越大代表该问卷测量题项与企业现实状态的符合程度越高，"1"表明非常不符合，"5"表明非常符合。问卷主要包括三部分的内容：第一部分为问卷介绍和相关的说明，目的是为问卷填写者介绍本次问卷调研的目的，明确表明所有问卷调研内容仅用于学术研究；第二部分是企业的基本情况，主要是了解企业的成立时间、所在行业、员工人数、产权性质及所在城市等基本信息；第三部分为本研究相关核心变量的测量。

(二) 问卷设计过程

问卷的设计直接影响到研究结论的科学性和价值性。陈晓萍等（2012）认为，学术界已有量表在学术界认可程度较高，具有较高的信度和效度。从保证问卷测量题项具有良好信度和效度出发，针对本研究的主要研究变量——高层管理者关系、机会获取、创业导向、环境不确定性和新产品开发能力，本研究在选择变量测量量表时，全部使用已经开发的成熟量表。

然而，借鉴已有量表会在文化、时间和表达上存在一定的局限性（陈晓萍等，2012）。对于成熟的英文量表，按照双向互译的方式以最大程度确保翻译内容贴合原版问卷表达的真实含义。首先，请熟悉此领域的两名研究人员分别将英文题项翻译成中文，翻译完毕后彼此进行商讨，在确定译项准确性的同时对所翻译的内容结合语言习惯进行修改。然后，再请精通中英文的专家在未看过原版英文问卷的前提下将所翻译的中文题项回译成英文,并与原版英文题项进行对比。以此为基础修正明显存在歧义或修辞有误的中文翻译,在此往复的过程中不断完善,直至题项翻译能够符合英文原版题项的内容表达,将英文量表翻译为更加贴近中国企业的现实情境的中文量表。

另外,考虑到数据调研的对象大部分都不具备学术背景,为了让问卷填写者能够准确地理解量表中相关题项的内容,在问卷的言语表达上尽量做到通俗易懂。因此,在正式问卷形成之前,请8位企业管理者进行了问卷填写,并根据他们所提出的建议,对问卷进行了相应的修订。

三、变量测量

(一) 高层管理者关系

如前文所述,高层管理者关系是企业高层管理人员愿意花时间和精力建立和维护的私人关系(Peng and Luo, 2000)。高层管理者关系分为两类:一类是与其他企业,包括供应商、客户和竞争者之间建立的商业关系;另一类是与政府官员建立的政治关系。高层管理者关系的测量在学术界最常用的是Peng和Luo(2000)的量表。在后续研究中,学者们在此量表的基础上不断地进行完善。参考Peng和Luo(2000),Li、Poppo和Zhou(2008)的文献,本研究借鉴郭海、王栋和刘衡(2013)的9题项量表,该量表包括商业关系和政治关系2个维度,商业关系包含6个题项,政治关系包含3个题项。该量表是基于中国背景所提出的,符合本研究的研究情境。高层管理者关系的测量量表见表6-1和表6-2。

表6-1 高层管理者商业关系的测量量表

变量	条目代码	题项
商业关系	CMT1	与顾客之间已建立了密切的联系
	CMT2	注重理解顾客的需求
	CMT3	重视发展与顾客之间的关系
	CMT4	与供应商之间良好的个人关系对公司有重要的作用

续表 6-1

变量	条目代码	题项
商业关系	CMT5	采取实际行动与供应商经理层建立良好的关系
	CMT6	了解供应商的优点与不足

资料来源：根据 Peng 和 Luo（2000），Li、Poppo 和 Zhou（2008），郭海、王栋和刘衡（2013）的研究整理。

表 6-2 高层管理者政治关系的测量量表

变量	条目代码	题项
政治关系	PMT1	确保与有影响力的政府官员建立良好的关系
	PMT2	采取实际行动与政府官员建立良好的关系
	PMT3	改善与政府官员的关系对我们很重要

资料来源：根据 Peng 和 Luo（2000），Li、Poppo 和 Zhou（2008），郭海、王栋和刘衡（2013）的研究整理。

（二）机会获取

机会获取是企业对机会的追求和快速响应，并利用机会来实现企业增长的能力（Short et al., 2010；Li et al., 2014）。机会获取的测量采用了 Li、Chen 和 Peng（2014）的研究中的量表，该量表包含 3 个题项。Li、Chen 和 Peng（2014）基于中国发展情境，在 Davisdson 和 Honig（2003）、Sirmon 等（2007）的基础上，从对机会的快速识别和机会利用两方面来衡量机会获取，具体测量量表见表 6-3。

表 6-3 机会获取的测量量表

变量	条目代码		题项
机会获取	OPC1	当面对机会时，公司	强调警觉性和响应速度
	OPC2		专注于追求高潜力的商业前景
	OPC3		充分利用潜在能力来创造竞争优势

资料来源：根据 Li、Chen 和 Peng（2014）的研究整理。

(三) 创业导向

基于第二章的创业导向的综述,创业导向是企业所呈现出的具有创新性、超前性和风险承担性的一种战略姿态。本研究主要聚焦在企业层面的创业导向,将创业导向视为反应型二阶模型,认为创业导向是一个由创新性、风险承担性和先动性所反映的潜变量。创业导向的测量采用了Covin和Slevin(1989)提出的量表,该量表的应用广泛,在不同时间和情境下均有良好的信度和效度,该量表包含创新、风险承担和先动性3个维度,共9个题项,具体测量量表见表6-4。

表6-4 创业导向的测量量表

变量		条目代码	题项
创业导向	创新	ENT1	公司强调研发、技术领先、产品创新和管理创新等
		ENT2	公司在最近三年对新产品或服务的开发力度比较大
		ENT3	公司新产品或服务的改造力度比较大
	风险承担	ENR1	公司倾向于选择高风险、高回报的项目
		ENR2	当面对不确定性环境时,公司倾向于迅速反应,大胆决策
		ENR3	当面对不确定性环境时,公司经常采取积极的行动
	先动性	ENP1	公司经常先于竞争对手发现机会,采取行动
		ENP2	公司倾向于在本行业中率先引入新产品、进入新市场或引进新的技术
		ENP3	公司能够预测行业发展趋势,率先提出新的管理理念和方法

资料来源:根据Covin和Slevin(1989)的研究整理。

(四) 环境不确定性

环境不确定性的测量随着其在研究中发挥作用的不同而表现出不同的维度,但一般会体现出测量环境的动态性、复杂性与敌对性等特征。本研究采用的环境不确定性量表是杨卓尔、高山行和曾楠（2016）的量表。该量表是以 Tan 和 Litschert（1994）的量表为参考，适用于经济转型期的中国所面临的环境不确定性，量表包含 5 个题项，见表 6-5。

表 6-5　环境不确定性的测量量表

变量	条目代码		题项
环境不确定性	EUT1	本公司所处行业	顾客需求变化很快
	EUT2		市场上现有产品的过时速度非常快
	EUT3		行业内技术变革的速度非常快
	EUT4		市场竞争状况难以预测
	EUT5		同行业内的竞争越来越激烈

资料来源：根据杨卓尔、高山行和曾楠（2016）的研究整理。

（五）新产品开发能力

本研究新产品开发能力的测量采用 Shilke（2014）研究中的量表，该量表包含 4 个题项。Shilke（2014）的量表基于 He 和 Wong（2004）的新产品开发能力的测量题项，聚焦的是通常企业进入新产品领域的创新项目的实施程度，具体的测量量表见表 6-6。

表 6-6　新产品开发能力的测量量表

变量	条目代码		题项
新产品开发能力	NPDC1	最近三年，公司经常	引进新一代产品
	NPDC2		扩展产品线
	NPDC3		进入新的技术领域
	NPDC4		开拓新市场

资料来源：根据 Shilke（2014）的研究整理。

（六）企业特征变量

大量研究表明，企业的规模、成立年限及所有权性质都可能影响企业的战略选择以及企业能力的形成。因此，本研究在进行机会获取、创业导向的中介效应检验及环境不确定性的有中介的调节效应检验时均选取企业员工数量、企业成立年限、企业所有制、企业所属行业和企业所属地区五个企业层面的特征变量作为控制变量。企业所有制结构包括国有企业、民营企业、外资企业三类，将其转变为虚拟变量，"1，0，0，"代表国有企业与其他所有制企业的对比，"0，1，0，"代表私营企业与其他所有制企业的对比；企业所属行业是定类性质的二分类变量；企业规模用企业拥有的在职员工总人数的自然对数来测量；企业成立时间用企业成立至今的经营时间取自然对数来计算（2016减去成立时间）；企业所在地区包括东部地区、中部地区和西部地区三类，将其转变为虚拟变量，"1，0，0，"代表东部地区企业与其他地区企业的对比，"0，1，0，"代表中部地区企业与其他地区企业的对比。当检验企业规模的调节效应时，本研究选取企业成立年限、企业所有制、企业所属行业和企业所属地区作为控制变量。

四、数据收集

数据收集是问卷调查实证研究方法的重要环节，处理好样本选择、数据收集过程中的每一个细节，才能更大限度地提升样本数据的有效性，样本数据的真实有效性决定着研究结果的可信性和普遍性。

（一）调查途径

利用合适的渠道和关系在新兴经济体国家企业中收集问卷，能够降低这项困难活动的成本（Calantone et al.，1996）。本研究的问卷收集主要通过以下两种渠道进行：第一种渠道，与广东、浙江和江苏省的地方税务部门工作人员联系，请他们帮忙与企业取得联系，请高层管理者填写问卷，通过此渠道发放问卷120份，有效问卷68份。第二种渠道，通过现有关系网络，委托熟人关系，与企业高层管理者联系，经其同意之后发放问卷。这部分问卷的发放主要通过两种方式：一是通过电子邮件、微信、QQ等方式，利用问卷星平台进行发放或者邮寄的方式进行发放，发放问卷168份，有效问卷131份；二是与企业负责人取得联系，由笔者实地走访发放问卷，共走访企业12家，有效问卷11份。

(二) 调查过程

问卷的发放形式因为其传递方式及呈现载体不同,确实会对问卷收集的比率和速度有一定的影响。本研究选择的是纸质问卷和电子问卷相结合的方式,因为两种不同的收集方式对于问卷题项的测量结果方面不存在明显的差异(余民宁和李仁豪,2006),选择两种方式相结合的方法收集样本数据可以优势互补。纸质问卷主要来源于两种方式:对可以实地采访的企业现场进行问卷发放并回收;通过委托人发放纸质问卷并邮寄回。电子问卷主要通过电子邮件、社交软件及问卷星平台链接定向发放。纸质问卷共发放70份,回收58份,有效问卷49份;电子问卷共发放230份,回收169份,有效问卷161份。两种方式共计发放问卷300份,回收问卷227份,有效问卷210份,有效回收率为70%。问卷发放时间为2016年4月至6月。问卷发放与回收情况见表6-7。

表6-7 问卷发放与回收情况

发放途径	问卷类型	发放数量/份	回收数量/份 (回收率/%)	有效问卷/份 (有效率/%)
联系税务部门	纸质	35	28 (80.000)	23 (65.714)
	电子	85	50 (58.824)	45 (52.941)
通过关系网络发放	纸质	23	18 (78.261)	15 (65.217)
	电子	145	119 (82.069)	116 (80.000)
走访	纸质	12	12 (100)	11 (91.667)
合计	—	300	227 (75.667)	210 (70.000)

(三) 选择调研对象的基本原则

本研究为了有效回答高层管理者关系如何影响新产品开发能力这一问题,将研究对象定位于成熟企业。全球创业观察(Global Entrepreneurship Monitor,GEM)将成立42个月以内的企业视为新企业,故而本研究选择成立时间大于42个月的企业为研究样本。因为本研究调查的企业成立年限填写的是具体年份,所以最终样本是成立时间大于等于4年的企业。再者,不同规模的企业在其资源利用和战略选择上的表现也不尽相同。小企业因为资源匮乏,对外部资源的依赖性可能更强;大企业因为内部资源丰厚,可能更容易捕捉到机会。此外,企业所有制的差异可能使企业对外部关系资源、机会的认知不同。最后,不同区域经济发展程度不同,市场化进程不同,会影响到外部资源对企业运营的补充效用。因此,本研究在考虑到收取问卷的可行性的大前提下,尽可能兼容不同规模、不同区域和不同所有制结构的企业,确保能更全面地反映真实的情况。

从管理者层面考虑,首先,要确定填写问卷者在该企业就职3年以上,了解企业的基本情况。其次,因为本研究的主要研究对象是企业的高层管理者,主要锁定在各企业的总裁、副总裁、总经理、副总经理、经理、副经理,以及财务、生产和营销等核心职能部门的总监等职位,所以在问卷发放之前要确认管理者在企业中所处的职位,符合调研条件后再请其填写问卷。

五、样本概况

(一) 样本缺失值和描述性统计

本研究的210个研究样本中,依然存在6个缺失值。考虑到均值在后续研究中的重要性,为了保证接下来的统计分析不受到影响,缺失值填补的一个核心原则是不改变变量的均值。因此,本研究缺失值的填补依据该变量的其余测量条目分值的均值来补充。

为了明确收回数据的分布状态,本研究对问卷中各变量的测量题项的极小值、极大值、均值、标准差、偏度和峰度进行了描述性统计分析。Ghiseli等指出,通过数据的斜度和峰度两个指标能判断数据是否服从正态分布(李作战,2010)。当斜度的绝对值小于2,峰度的绝对值小于5,就断定该数据满足正态分布的要求;当斜度的绝对值大于2,峰度的绝对值大于10时,则表明数据的分布不符合正态分布。根据分析结果,如"附录三:研究附表 附表1 测量题项的描述性统计分析"所示,所有题项的标准差最大值为0.934,最小值为0.607;偏度系数的绝对值最大值是0.930(小于临界值3),最小值是0.133;峰度系数的绝对值最大值为

1.920（小于临界值10），最小值是0.012。

(二) 样本特征

本研究的有效样本数量为210份。以下从员工数量、所有权、区域、年龄、行业五个方面对有效样本的分布情况进行简要阐述。表6-8是相应的样本企业基本特征的描述统计。

表6-8 企业特征描述统计（$n=210$）

特征	类别	样本数/份	百分比/%	累计百分比/%
员工数量	小于100人	54	25.714	25.714
	101~500人	98	46.667	72.381
	501~1000人	24	11.429	83.810
	1001~5000人	23	10.952	94.762
	5000人以上	11	5.238	100
所有权	外资/合资	23	10.953	10.953
	国有	38	18.095	29.048
	私营/民营	149	70.952	100
区域	东部	149	70.952	70.952
	西部	20	9.524	80.476
	中部	41	19.524	100
年龄	4~10年	63	30.000	30.000
	11~15年	45	21.428	51.428
	16~20年	62	29.524	80.952
	>21年	40	19.048	100
行业	制造业	166	79.048	79.048
	服务业	44	20.952	100

（1）员工数量。从员工人数分布来看，样本企业整体规模相对比较小，小于1000人的企业占总企业数的83.810%，人数大于5000的企业仅

占 5.238%。具体来看,小于 100 人的企业有 54 家,占样本总量的 25.714%;101 人到 500 人之间的企业有 98 家,占样本总量的 46.667%;501 人到 1000 人的企业有 24 家,占样本总量的 11.429%;1001 人到 5000 人的企业 23 家,占样本总量的 10.952%。

(2)所有权。从所有权性质来看,私营和民营控股企业有 149 家,占样本企业的大多数,占比为 70.952%;国有企业有 38 家,占样本总量的 18.095%;外资/合资企业有 23 家,占样本总量的 10.953%。

(3)区域。从企业分布地区来看,东部地区分布企业最多,有 149 家,占样本总量的 70.952%;中部地区企业 41 家,占样本总量的 19.542%;西部地区企业仅 20 家,占样本总量的 9.542%。具体来看,来自不同省份的企业占比为:广东的企业占样本总量的 21.905%,北京的企业占样本总量的 16.190%,上海的企业占样本总量的 10.952%,山东的企业占样本总量的 7.619%,江苏的企业占样本总量的 6.190%,浙江的企业占样本总量的 4.286%,湖北的企业占样本总量的 6.190%,四川的企业占样本总量的 5.238%,其余 21.43% 的企业来自福建、重庆、安徽、陕西等省份。

(4)年龄。从企业成立年限来看,成立时间小于 20 年的企业占据样本总量的 4/5 以上,占比达到 80.952%,超过一半的企业的成立时间集中在 4~15 年之间。具体来看,样本企业中成立年限在 4~10 年的企业 63 家,占样本总量的 30.000%;成立时间在 11~15 年的企业 45 家,占样本总量的 21.428%;成立时间在 16~20 年的企业 62 家,占样本总量的 29.524%;成立时间在 21 年以上的企业 40 家,占样本总量的 19.048%。

(5)行业。样本企业中制造业 166 家,占样本总量的 79.048%;服务业 44 家,占样本总量的 20.952%。

六、共同方法偏差

由于客观条件的限制,本研究的数据收集是通过让同一被调查者在同一时间点填写所有变量的方式收集的,可能会存在共同方法偏差(common method variance)。Podsakoffe 等(2003)也认为,以问卷收集的数据出现共同方法偏差是不可避免的。因此,本研究遵循熊红星等(2012)

的建议，从过程控制和统计控制两个方面来降低共同方法偏差的影响。

过程控制主要是针对各种可能的共同方法偏差的来源进行事前的控制。本研究在问卷调研的过程中，尽可能地减小共同方法偏差。仔细斟酌问卷形式、内容的设计及测量题项表达，降低语义表达的模糊性，避免使用有歧义、易混淆的词语；在问卷的排版中，将同一维度的题项集中排列，不同变量维度之间用空白行进行区分；所有问卷均采用匿名且保密的方式填写，强调答案无对错之分，根据企业实际情况作答，并向被测企业承诺不针对企业进行个案研究，只做大样本分析。

统计控制主要是利用统计分析方法来减少共同方法偏差对研究结果的影响。本研究通过 Harman 单因素检验对数据进行同源偏差检验。将问卷中所有题项放在一起做因子分析，未经旋转所得到第一个因子的解释方差占总方差的比例就是共同方法偏差的量。如果因子分析的结果只产生了一个因子，或者第一个因子解释了大部分的总累计方差，即第一个因子解释变异量占总方差的比值达到 50% 以上，则表明数据存在同源方差问题。对本研究问卷的所有题项进行因子分析，分析结果显示，首个因子的方差解释比例为 28.705%，未占多数，因此，同源方差问题在本研究中并不严重。

第二节　实证分析

在本节中，利用问卷调查所收集的 210 份有效样本，对前文所提出的理论模型进行实证检验。首先，对变量的测量效果进行分析，利用验证性因子分析以及克朗巴哈系数（Cronbach's α）等统计方法对各主要变量进行信度和效度检验，以确保各变量测量效果的真切性；其次，对变量的基本情况进行描述性统计，包括各变量的基本状态以及变量间的相关分析；最后，运用结构方程模型、多元回归分析等方法验证本研究提出的研究假设。

一、测量效果分析

(一) 验证性因子分析

创业导向是包含三个维度的二阶因子,对创业导向进行验证性因子分析。创业导向验证性因子分析如图 6-2 所示,路径系数见表 6-9,所有题项的标准化因子载荷都大于最低临界水平 0.60,且在 0.001 显著性水平上,具有较高的聚合效度。拟合结果见表 6-10,其中,$\chi^2 (24) = 26.281$,$RMSEA = 0.021$,$CFI = 0.996$,$TLI = 0.995$,表明该量表具有好的拟合效度。

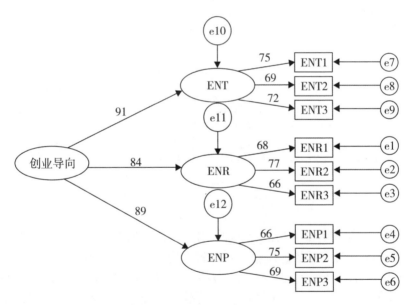

图 6-2 创业导向二阶验证性因子分析(AMOS 软件生成的图形)

表6-9 创业导向二阶验证性因子分析路径系数

路径	非标准化	标准化	SE	CR	p
ENT1←创新	1.000	0.755			
ENT2←创新	0.963	0.689	0.107	8.977	***
ENT3←创新	1.001	0.717	0.108	9.297	***
ENR1←风险承担	1.000	0.675			
ENR2←风险承担	1.023	0.770	0.119	8.596	***
ENR3←风险承担	0.993	0.663	0.127	7.827	***
ENP1←先动性	1.000	0.664			
ENP2←先动性	1.265	0.755	0.149	8.515	***
ENP3←先动性	1.074	0.687	0.134	8.005	***

注：***$p<0.001$。

表6-10 创业导向二阶验证性因子拟合指标

测量模型	χ^2	df	χ^2/df	RMSEA	GFI	NFI	TLI	CFI
验证模型	26.281	24	1.095	0.021	0.973	0.961	0.995	0.996
独立模型	673.501	36	18.708					

（二）信度检验

信度是量表内部一致性的反应，预示着测量结果的稳定程度。量表整体的Cronbach's α系数是检验反映型构念内部一致性的重要指标，同时，Cronbach's α系数是测量李克特量表信度的常用指标（吴明隆，2010）。Cronbach's α系数越高，代表量表的内部一致性越佳。在管理学研究中，普遍认为量表整体Cronbach's α系数应该大于0.7（陈晓萍，2012；吴隆增等，2009），即表示量表信度可接受。

另外，删除题项后的Cronbach's α系数也需要关注。如果删除该题项后的Cronbach's α系数大于整体量表的Cronbach's α系数，则说明该题项应该被删除。

基于以上判断信度的标准，本研究采用SPSS 20.0检验各个量表的

Cronbach's α 系数,以及删除该题项后的 Cronbach's α 系数,通过这两项指标来评估量表的内部一致性,其结果见表 6-11。检验结果显示,本研究所采用的国内外成熟量表具有较好的内部一致性。量表的信度系数 Cronbach's α 的值均在 0.700 以上,最小取值为 0.745,最大取值为 0.864,且删除题项后的 Cronbach's α 系数并未显著提升。

表 6-11 量表信度检验结果

变量	条目编号	删除该题项后的 Cronbach's α	Cronbach's α	变量	条目编号	删除该题项后的 Cronbach's α	Cronbach's α
商业关系	CMT1	0.810	0.841	政治关系	PMT1	0.718	0.812
	CMT2	0.822			PMT2	0.669	
	CMT3	0.801			PMT3	0.822	
	CMT4	0.816		机会获取	OPC1	0.665	0.745
	CMT5	0.820			OPC2	0.689	
	CMT6	0.822			OPC3	0.632	
创业导向	ENT1	0.847	0.864	环境不确定性	EUT1	0.813	0.853
	ENT2	0.849			EUT2	0.826	
	ENT3	0.849			EUT3	0.811	
	ENR1	0.855			EUT4	0.837	
	ENR2	0.847			EUT5	0.827	
	ENR3	0.853		新产品开发能力	NPDC1	0.751	0.801
	ENP1	0.855			NPDC2	0.781	
	ENP2	0.846			NPDC3	0.746	
	ENP3	0.849			NPDC4	0.723	

(三) 效度检验

效度是用来检测该问卷能够反映概念真实性的程度,主要包含内容效度和结构效度。

1. 内容效度

内容效度是指测量内容的贴切性和代表性。本研究的变量测量量表均基于国内外本领域研究的成熟量表,采取双向互译的方式保证与原英文量表所表达的含义一致,认真地研究国内学者的翻译和应用,使问卷更加符合中国人的思维模式。在问卷正式发放前,请企业界管理者和学术界专家进行了测评与修改,保障量表具有较高内容效度。

2. 结构效度

结构效度一般反映的是测量工具能够衡量构念的程度。结构效度指标包括聚合效度和区分效度。聚合效度是同一构念内部的指标间一致性的反映,而区分效度是不同构念间的区分度的反映。聚合效度利用组合信度(composite reliability,以 CR 表示)和平均方差抽取量(average variance extracted,以 AVE 表示)来衡量。组合信度(CR)是评价一组潜在指标的一致性程度的指标,组合信度高则表示观察指标的关联度高。组合信度一般要高于临界值0.8。平均方差抽取量(AVE)通过对比观察变量对总体方差的解释力度与误差方差的大小来判断构建变量是否具有聚合效度,即观察变量的解释力度要大于方差的解释力度。因此,当平均方差抽取量大于0.5时,表明构建的变量具有足够的聚合效度,AVE 的最低接受值应该在0.5以上(黄芳铭,2005)。高层管理者商业关系、高层管理者政治关系、机会获取、创业导向、环境不确定性和新产品开发能力的 CR 分别为0.869、0.889、0.859、0.909、0.895和0.806,均高于0.8;AVE 分别为0.603、0.728、0.669、0.510、0.632和0.512,均大于阈值0.5(即潜变量可以解释测量变量的一半以上),见表6-12。区分效度的判别基于 Fornell 和 Larker(1981)的建议,若 AVE 的平方根大于变量间相关系数,则认为该量表具有良好的区分效度。各变量 AVE 的平方根均大于变量间的相关系数,见表6-15。

进一步,为避免本研究各主要变量之间的区分效度低而影响后续的研究结果,采用结构方程对模型中的关键变量进行验证性因子分析。首先,检验全模型,即六因子模型整体拟合指标是否满足要求($RMSEA < 0.08$,$TLI > 0.90$,$CFI > 0.90$);其次,遵循相似变量、前后因果变量、高度相关变量等原则将关键因素进行两两或多个变量组合,并与全模型的各个相关拟合指标进行对比,检验竞争模型与全模型之间的优劣程度,最终确定与数据最匹配的模型,依此来检验不同变量间的区分效度。具体模型比较结果见表 6-13，通过模型间的比较发现，六因子模型 M_0 与数据吻合程度较好：$[\chi^2(387) = 481.962, RMSEA = 0.034, CFI = 0.962, TLI = 0.957]$，显著地优于其他变量相互组合的竞争模型。其中，$M_{10}$、$M_{11}$、$M_{12}$ 方程的各项拟合指标均达到了拟合指标的临界值，但这三个竞争模型相对于 M_0 的 $\Delta\chi^2/\Delta df$ 变化值的结果分别为 48.695、86.464、105.465，远远高于 3.840，表明本研究的基准模型 M_0 拟合度最优，主要变量之间具有较好的区分效度。

表 6-12 信效度分析结果

变量	Cronbach's α	组合信度（CR）	平均方差抽取量（AVE）
商业关系	0.841	0.869	0.603
政治关系	0.812	0.889	0.728
机会获取	0.745	0.859	0.669
创业导向	0.864	0.909	0.510
环境不确定性	0.853	0.895	0.632
新产品开发能力	0.801	0.806	0.512

表 6-13 变量间的区分效度分析

模型	χ^2	df	TLI	CFI	RMSEA
零模型 M	2914.907	435	0	0	0.165
六因子模型 M_0	481.962	387	0.957	0.962	0.034
五因子模型 M_1	683.269	392	0.870	0.883	0.060
五因子模型 M_2	625.153	392	0.896	0.906	0.053
五因子模型 M_3	759.081	392	0.836	0.852	0.067
五因子模型 M_4	695.737	392	0.864	0.878	0.061
五因子模型 M_5	676.259	392	0.873	0.885	0.059
五因子模型 M_6	660.497	392	0.880	0.892	0.057

续表 6-13

模型	χ^2	df	TLI	CFI	RMSEA
五因子模型 M_7	711.214	392	0.857	0.871	0.062
五因子模型 M_8	697.777	392	0.863	0.877	0.061
五因子模型 M_9	706.352	392	0.859	0.873	0.062
五因子模型 M_{10}	530.657	392	0.938	0.944	0.041
五因子模型 M_{11}	568.426	392	0.921	0.929	0.046
五因子模型 M_{12}	587.427	392	0.913	0.921	0.049
五因子模型 M_{13}	654.544	392	0.883	0.894	0.057
五因子模型 M_{14}	717.688	392	0.854	0.869	0.063
五因子模型 M_{15}	657.526	392	0.881	0.893	0.057
四因子模型 M_{16}	810.284	396	0.816	0.833	0.071
四因子模型 M_{17}	961.980	396	0.749	0.772	0.083
四因子模型 M_{18}	890.920	396	0.781	0.800	0.077
四因子模型 M_{19}	876.641	396	0.787	0.806	0.076
四因子模型 M_{20}	877.594	396	0.787	0.805	0.075
四因子模型 M_{21}	752.788	396	0.842	0.856	0.066
四因子模型 M_{22}	764.987	396	0.837	0.851	0.067
四因子模型 M_{23}	810.330	396	0.816	0.833	0.071
四因子模型 M_{24}	864.379	396	0.793	0.811	0.075
四因子模型 M_{25}	727.466	396	0.853	0.866	0.063
四因子模型 M_{26}	767.815	396	0.835	0.850	0.067
四因子模型 M_{27}	802.838	396	0.820	0.836	0.070
四因子模型 M_{28}	799.055	396	0.821	0.837	0.070
四因子模型 M_{29}	776.279	396	0.832	0.847	0.068
单因子模型 M_{30}	1283.552	402	0.615	0.645	0.102

注：$n=210$；M_0 零模型中，所有测量项目之间没有关系；M_1：将商业关系与政治关系合并为一个潜在因子；M_2：将商业关系与机会获取合并为一个潜在因子；M_3：将商业关系与环境不

确定性合并为一个潜在因子；M_4：将商业关系与创业导向合并为一个潜在因子；M_5：将商业关系与新产品开发能力合并为一个潜在因子；M_6：将政治关系与机会获取合并为一个潜在因子；M_7：将政治关系与环境不确定性合并为一个潜在因子；M8：将政治关系与创业导向合并为一个潜在因子；M_9：将政治关系与新产品开发能力合并为一个潜在因子；M_{10}：将机会获取与创业导向合并为一个潜在因子；M_{11}：将机会获取与新产品开发能力合并为一个潜在因子；M_{12}：将创业导向与新产品开发能力合并为一个潜在因子；M_{13}：将环境不确定性与机会获取合并为一个潜在因子；M_{14}：将环境不确定性与创业导向合并为一个潜在因子；M_{15}：将环境不确定性与新产品开发能力合并为一个潜在因子；M_{16}：将商业关系、政治关系与机会获取合并为一个潜在因子；M_{17}：将商业关系、政治关系与环境不确定性合并为一个潜在因子；M_{18}：将商业关系、政治关系与创业导向合并为一个潜在因子；M_{19}：将商业关系、政治关系与新产品开发能力合并为一个潜在因子；M_{20}：将商业关系、机会获取与环境不确定性合并为一个潜在因子；M_{21}：将商业关系、机会获取与创业导向合并为一个潜在因子；M_{22}：将商业关系、机会获取与新产品开发能力合并为一个潜在因子；M_{23}：将商业关系、创业导向与新产品开发能力合并为一个潜在因子；M_{24}：将政治关系、机会获取与环境不确定性合并为一个潜在因子；M_{25}：将政治关系、机会获取与创业导向合并为一个潜在因子；M_{26}：将政治关系、机会获取与新产品开发能力合并为一个潜在因子；M_{27}：将政治关系、创业导向与新产品开发能力合并为一个潜在因子；M_{28}：将环境不确定性、机会获取与创业导向合并为一个潜在因子；M_{29}：将环境不确定性、机会获取与新产品开发能力合并为一个潜在因子；M_{30}：将所有变量合并为一个变量。

二、描述性统计

对本研究中主要变量的统计特征进行简要分析，结果见表6-14。高层管理者商业关系的均值为4.058，表明样本企业与其他商业伙伴间保持着良好的联系。高层管理者政治关系的均值为3.706，表明样本企业与政府之间的联系弱于与商业伙伴间的联系。企业机会获取的均值为3.927，表明样本企业拥有较高的识别和捕捉机会的能力。创业导向的均值为3.689，意味着样本企业的创新性、风险承担性和超前性倾向较强。企业规模为企业员工人数的自然对数值，均值为2.410，表明样本企业整体规模不大。环境不确定性的均值为3.823，表明企业管理者所感知到的企业的经营环境是未知的、复杂的和充满不确定的。企业新产品开发能力的均值为3.962，意味着样本企业的新产品开发能力处于一个较为良好的水平。

表 6-14 主要变量描述性统计

变量	样本量	均值	标准差	最小值	中位值	最大值
自变量						
商业关系	210	4.058	0.545	2	4.250	5
政治关系	210	3.706	0.734	1	3.850	5
中介变量						
机会获取	210	3.927	0.604	2	4.000	5
创业导向	210	3.689	0.579	1	3.800	5
调节变量						
企业规模	210	2.410	0.748	1	2.370	5
环境不确定性	210	3.823	0.663	1	4.000	5
因变量						
新产品开发能力	210	3.962	0.682	1	4.000	5

在进行假设检验之前，利用 Pearson 相关分析法对主要变量间相互关系进行分析，结果见表 6-15。分析结果表明，模型中的主要变量之间均显著正相关。高层管理者商业关系与机会获取（$r=0.402$，$p<0.001$）、创业导向（$r=0.286$，$p<0.001$）以及新产品开发能力（$r=0.363$，$p<0.001$）均显著正相关。高层管理者政治关系与机会获取（$r=0.322$，$p<0.001$）、创业导向（$r=0.185$，$p<0.01$）以及新产品开发能力（$r=0.183$，$p<0.01$）均显著正相关。同时，环境不确定性与商业关系（$r=0.363$，$p<0.001$）、政治关系（$r=0.171$，$p<0.05$）、机会获取（$r=0.372$，$p<0.001$）、创业导向（$r=0.291$，$p<0.001$）以及新产品开发能力（$r=0.467$，$p<0.001$）也呈现出显著的正相关关系。

表 6-15　各主要变量间相关系数

变量	1	2	3	4	5	6	7
商业关系	0.776						
政治关系	0.265***	0.853					
机会获取	0.402***	0.322***	0.818				
创业导向	0.286***	0.185**	0.544***	0.714			
企业规模	-0.001	-0.014	-0.012	0.180**			
环境不确定性	0.363***	0.171*	0.372***	0.291***	-0.058	0.795	
新产品开发能力	0.363***	0.183**	0.478***	0.495***	0.103	0.467***	0.716

注：$n=210$；$***p<0.001$，$**p<0.01$，$*p<0.05$，$+p<0.1$；Pearson 检验。

三、假设检验

在以上章节对研究样本、测量工具以及主要变量描述性统计分析的基础上，现在对本研究提出的理论模型进行实证分析以检验相关的研究假设。

（一）全模型中介效应结构方程检验

本研究利用 AMOS 21.0 对整体中介效应进行检验，采用巢模型的方法，将假设模型与竞争模型进行对比，以得出相应最优的结构模型。具体步骤为：先检验原假设模型的拟合优度，然后在假设模型的基础上增加影响路径，比较不同模型之间的卡方值是否达到显著性水平，若增加影响路径后，卡方发生了显著变化，则表示增加路径之后的竞争模型优于原模型，以最终确定较优模型。

1. 结构方程模型的控制变量的处理

基于理论模型，本研究应用结构方程模型对高层管理者关系对新产品开发能力的影响路径进行检验。该模型主要验证高层管理者商业关系和政治关系、机会获取、创业导向以及新产品开发能力之间的路径关系，涉及对企业规模、企业成立年限、企业所有制、企业所属行业和企业所在地区五个统计特征变量影响的控制。

在结构方程检验理论模型的分析中,通过以下方式处理控制变量:①企业规模取值为企业全职员工人数的自然对数(AMOS中命名为"Scale");②企业成立年限为企业成立开始至2016年的年限取自然对数(AMOS中命名为"Time");③定类性质的三分类变量企业所有制,将其转变为虚拟变量,"1,0,0,"代表国有企业与其他所有制企业的对比(AMOS中命名为"National"),"0,1,0,"代表私营企业与其他所有制企业的对比(AMOS中命名为"Private");④企业所属行业是定类性质的二分类变量(AMOS中命名为"Industry");⑤定类性质的三分类变量是企业所在地区,将其转变为虚拟变量,"1,0,0,"代表东部地区企业与其他地区企业的对比(AMOS中命名为"East"),"0,1,0,"代表中部地区企业与其他地区企业的对比(AMOS中命名为"Middle")。本研究参考了Cortina、Chen和Dunlap(2001)的建议,将所有控制变量的方差值设置为0,对应的载荷系数设置为1。

2. 初始理论模型的检验

利用结构方程模型的方法来检验理论模型。在本研究中,结构方程的分析结果表明,理论模型与数据的拟合程度良好:$\chi^2(421) = 524.506$,$CFI = 0.957$,$TLI = 0.950$,$RMSEA = 0.034$。

3. 巢模型检验与嵌套模型比较分析

为了分析机会获取和创业导向在高层管理者关系与新产品开发能力之间的中介作用,本研究利用巢模型检验方法对理论模型(完全中介模型)与其他的嵌套模型(部分中介模型)进行比较分析,以求找出最优模型(Bentler and Bonnett, 1980)。在表6-16中,Mt模型代表理论模型即完全中介模型;M_1模型表示在完全中介模型的基础上增加高层管理者商业关系到新产品开发能力之间的路径;M_2模型表示在M_1基础上增加高层管理者政治关系到新产品开发能力之间的路径;M_3模型表示在M_2基础上增加高层管理者商业关系到创业导向之间的路径;M_4模型表示在M_3基础上增加高层管理者政治关系到创业导向之间的路径。巢模型检验结果见表6-16。

表6-16 巢模型比较分析

模型	χ^2	df	CFI	TLI	RMSEA	$\Delta\chi^2$ (Δdf)
假设模型 M_t	524.506	421	0.957	0.950	0.034	—
部分中介模型 M_1	511.375	420	0.962	0.955	0.032	13.131**
部分中介模型 M_2	511.356	419	0.962	0.955	0.032	0.019
部分中介模型 M_3	511.355	418	0.961	0.954	0.033	0.001
部分中介模型 M_4	510.504	417	0.961	0.954	0.033	0.851

注：$n=210$；$\Delta\chi^2$ (Δdf) 指的是与假设模型相比较所得出的结果 ***$p<0.001$；**$p<0.01$；*$p<0.05$；+$p<0.10$。

结果显示，M_1 模型的拟合度显著优于 M_t 模型的拟合度 [$\Delta\chi^2$ (1) = 13.131；$p < 0.01$]，而模型 M_2 [$\Delta\chi^2$ (1) = 0.019]、模型 M_3 [$\Delta\chi^2$ (1) = 0.001]、模型 M_4 [$\Delta\chi^2$ (1) = 0.851] 的拟合度并未显著优于 M_1 模型的拟合度。因此，M_1 模型为最优模型，即机会获取、创业导向在高层管理者商业关系与新产品开发能力间发挥部分中介作用。

4. 路径分析与假设检验

在巢模型检验基础上，M_1 模型为最优模型，构建机会获取、创业导向在高层管理者商业关系与新产品开发能力间发挥部分中介作用的最优模型，其结果见表6-17。

表6-17 最优模型路径系数检验

路径	标准化路径系数	CR	p
商业关系→机会获取	0.474	5.011	***
政治关系→机会获取	0.240	2.976	**
机会获取→创业导向	0.756	7.031	***
创业导向→新产品开发能力	0.519	5.453	***
商业关系→新产品开发能力	0.290	3.450	***

注：$n=210$；***$p<0.001$，**$p<0.01$，*$p<0.05$，+$p<0.1$。

（1）高层管理者关系对机会获取的影响。高层管理者商业关系对机会获取有显著的正向影响,标准化路径系数为 $\beta = 0.474$ ($p < 0.001$),高层管理者政治关系对机会获取有显著的正向影响,标准化路径系数为 $\beta = 0.240$ ($p < 0.01$),支持了假设 H_1 和假设 H_2。

(2) 机会获取对创业导向的影响。机会获取对创业导向有显著的正向影响,标准化系数为 $\beta = 0.756$ ($p < 0.001$),假设 H_3 也得到了数据的支持。

(3) 创业导向对新产品开发能力的影响。创业导向对新产品开发能力有显著的正向影响,标准化路径系数为 $\beta = 0.519$ ($p < 0.001$),假设 H_4 获得了数据的支持。

(4) 高层管理者关系对创业导向的影响。根据巢模型检验结果,如图 6-3 所示,高层管理者的商业关系和政治关系对创业导向的影响是通过机会获取的中介作用而实现的。高层管理者的商业关系对机会获取的影响效应为 $\beta = 0.474$ ($p < 0.001$),高层管理者的政治关系对机会获取的影响效应为 $\beta = 0.240$ ($p < 0.01$),机会获取对创业导向的影响效应为 $\beta = 0.756$ ($p < 0.001$),由此得出,高层管理者商业关系通过机会获取对创业导向的影响效应为 $0.474 \times 0.756 = 0.358$;高层管理者的政治关系通过机会获取对创业导向的影响效应为 $0.240 \times 0.756 = 0.181$。假设 H_5 和假设 H_6 获得了数据的支持。

(5) 高层管理者关系对新产品开发能力的影响。巢模型检验结果如图 6-3 所示,机会获取、创业导向在高层管理者的商业关系和新产品开发能力之间发挥部分中介作用,高层管理者的商业关系对新产品开发能力有显著的正向影响,标准化路径系数为 $\beta = 0.290$ ($p < 0.001$)。高层管理者的商业关系通过机会获取、创业导向对新产品开发能力的间接影响效应为 $0.474 \times 0.756 \times 0.519 = 0.186$。高层管理者的商业关系对新产品开发能力的总影响效应为 0.476,直接效应为 0.290,间接效应为 0.186。这表明机会获取和创业导向在高层管理者的商业关系与新产品开发能力间发挥部分中介作用,假设 H_7 初步得到了数据支持。

高层管理者的政治关系通过机会获取、创业导向对新产品开发能力的间接影响效应为 $0.240 \times 0.756 \times 0.519 = 0.094$。高层管理者的政治关系对新产品开发能力的总影响效应为 0.094,即高层管理者的政治关系通过机会获取、创业导向对新产品开发能力为间接影响效应,这表明机会获取、创业导向在高层管理者的政治关系和新产品开发能力间发挥完全中介作用,假设 H_8 初步得到了数据支持。

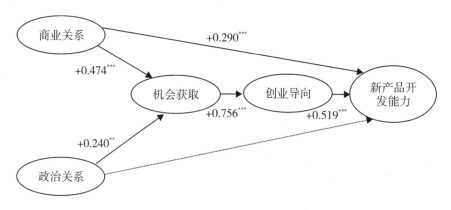

图 6-3 最优路径

(二) 多重中介效应检验

在路径分析中,检验中介的作用机理有两种方法。第一种是 Baron 和 Kenny (1986) 的逐步回归法,分为以下步骤:①自变量对因变量有显著的影响,即因变量对自变量回归,系数呈现出显著;②自变量对中介变量有显著影响,即中介变量对自变量回归,系数呈现出显著;③因变量同时对自变量和中介变量做回归,在因变量对自变量的回归模型中加入中介变量后,自变量对因变量的影响效应会变小或变得不显著。当自变量的回归系数变得不显著时,则表明中介变量发挥了完全中介的作用,即自变量对因变量的影响完全通过中介变量来发挥作用;而当自变量的系数仅仅是变小,依旧达到了显著性水平,则表明中介变量发挥了部分中介的作用,即自变量对因变量的影响只有一部分通过中介变量发挥作用,另一部分的作用是直接由自变量作用于因变量。第二种是利用结构方程,通过巢模型分析来判断变量间的关系路径。在假设检验的第一部分,本研究就运用结构方程对中介作用进行了初步检验。但当面临多个序列性存在的中介变量时,学者们普遍推荐用自助抽样法检验中介效应。Hayes (2013) 论证了链式多重中介的计算方法,并同时能检验多重中介效应的统计显著性。

学者们对现有的中介效应的检验方法,如逐步回归法、变量系数的乘积检验、非参数百分位的自助抽样法等进行了对比分析,发现偏差纠正的非参数百分位的自助抽样法的检验效果最好 (Hayes, 2015; 陈瑞等,

2013)。考虑到本研究要验证的是多重链式中介效应,因此,选用偏差纠正的非参数百分位的自助抽样法对多重链式中介进行进一步检验。

本研究利用SPSS 20.0中的PROCESS Macro分析工具来实现偏差纠正的非参数百分位自助抽样法,通过此方法来检验高层管理者关系与新产品开发能力间的链式多重中介效应。

1. 共线性诊断

对变量进行链式中介响应检验之前,先对变量间的共线性进行诊断。本研究选择容差(tolerance)、方差膨胀因子(variance inflation factor,以VIF表示)及条件指数(condition index)作为检验变量多重共线性的判别指标。容差值介于0~1之间,取值越大表示多重共线性越弱;VIF取值范围一般在1~10之间,VIF值越小代表共线性越弱,一般认为VIF值大于10表示变量间存在严重的多重共线性;条件指数大于30表明变量间存在严重的多重共线性。本研究对因变量为新产品开发能力的多重中介路径间变量的共线性进行诊断,诊断结果见表6-18。

表6-18 两条路径的多重共线性诊断结果

路径	自变量和多重中介变量	条件指数	容差	VIF
路径1	高层管理者商业关系	15.668	0.832	1.202
	机会获取	19.177	0.638	1.568
	新产品开发能力	21.896	0.699	1.431
路径2	高层管理者政治关系	11.903	0.896	1.116
	机会获取	18.454	0.653	1.531
	创业导向	19.603	0.704	1.420

共线性检验结果显示,各变量的容差值均大于0.1,条件指数都小于30,VIF均大于1小于10,这些指标的取值都符合拒绝共线性存在的范围。

2. 链式多重中介效应分析结果

在链式中介效应检验的过程中,本研究将企业成立年限、企业规模、企业所有制形式、企业所属行业及企业所在地区作为控制变量加入链式多重中介效应的分析中,以便控制其对新产品开发能力的影响效应。

链式多重中介效应分析结果见表 6-19。高层管理者商业关系通过机会获取、创业导向对新产品开发能力产生影响的路径 1，其链式多重中介的效应值为 0.074，链式多重中介的置信区间为 [0.030，0.146] 不包含 0，达到显著性水平。总间接效应值为 0.233，对应的置信区间为 [0.131，0.376] 不包含 0，表明总间接效应显著。路径 1 的链式多重中介效应占总间接效应的 31.760%，因此，本研究中高层管理者商业关系对新产品开发能力的正向影响，可以通过依次正向影响机会获取、创业导向来间接实现。此外，此路径链式多重中介效应的统计分析结果还显示：高层管理者商业关系→机会获取→创业导向→新产品开发能力这条路径也具有统计显著性，其中介效应值为 0.136，对应的置信区间分别为 [0.047，0.260]。

表 6-19 链式多重中介效应检验

效应类型	效应指标	路径 1	路径 2
总间接效应	Boot 效应值	0.233	0.157
	Boot 效应误	0.062	0.050
	Boot LLCI	0.131	0.070
	Boot ULCI	0.376	0.269
本书的中介路径	Boot 效应值	0.074	0.050
	Boot 效应误	0.029	0.021
	Boot LLCI	0.030	0.019
	Boot ULCI	0.146	0.105

注：Boot n = 5000；Boot 95% 置信水平；[LLCI, ULCI] Boot 置信区间；企业成立年限、企业规模、企业所有制、企业所属行业和企业所在地区为控制变量。

路径 1：高层管理者商业关系→机会获取→创业导向→新产品开发能力

路径 2：高层管理者政治关系→机会获取→创业导向→新产品开发能力

高层管理者政治关系通过机会获取、创业导向对新产品开发能力产生影响的路径 2，其链式多重中介的效应值为 0.050，链式多重中介的置信区间为 [0.019，0.105] 不包含 0，达到显著性水平。总间接效应为 0.157，对应的置信区间为 [0.070，0.269] 不包含 0，表明总间接效应显著。路径 2 的链式多重中介效应占总间接效应的 31.847%，因此，本研究中高层管理者的政治关系对新产品开发能力的正向影响，可以通过依次正向影响机会获取、创业导向来间接实现。此外，此路径链式多重中介效应的统计分析结果还显示：高层管理者政治关系→机会获取→创业导向→新产品开发能力这条路径也具有统计显著性，其中介效应值为 0.102，对应的置信区间分别为 [0.042, 0.190]。

从以上分析可以得出，本研究所提出的高层管理者商业关系→机会获取→创业导向→新产品开发能力以及高层管理者政治关系→机会获取→创业导向→新产品开发能力的链式多重中介效应显著，本研究假设 H_7 和假设 H_8 均得到了有效验证。

（三）环境不确定性和企业规模的调节效应分析

1. 环境不确定性的有中介的调节效应检验

本研究利用层级回归对数据进行检验分析，进而更进一步加深对高层管理者关系、机会获取、环境不确定性和创业导向之间关系的理解。此部分分析环境不确定性的交互作用时，在回归模型中将企业规模加入控制变量，即选取企业规模、企业成立年限、企业所有制、企业所属行业和企业所属地区五个企业层面的特征变量作为控制变量。

（1）环境不确定性的调节效应。在验证环境不确定性对高层管理者关系与机会获取间关系的影响时，同样，在构建自变量高层管理者关系与调节变量环境不确定性的交互项时，将两个变量分别进行了标准化处理以消除共线性。构建因变量为机会获取的回归方程，见表 6-20。模型 1 是包含企业规模、企业成立年限、企业所有制、企业所属行业和企业所属地区五个控制变量的基本模型；模型 2 表明高层管理者商业关系与政治关系对机会获取有正向影响（$\beta = 0.341$，$p < 0.001$；$\beta = 0.254$，$p < 0.001$）；在模型 4 中加入环境不确定性和交互项，结果表明高层管理者商业关系与环境不确定性的交互项对机会获取显现出弱负向影响（$\beta = -0.203$，$p < 0.01$）；在模型 5 中，高层管理者政治关系与环境不确定性的交互项对机会获取呈现出显著负向影响（$\beta = -0.293$，$p < 0.001$），环境不确定性对高层管理者政治关系与机会获取间的影响大于高层管理者商业关系与机会获取间的影响，假设 H_9 和假设 H_{10} 均得到支持。同样，依旧利用 Aiken 和 West（1991）推荐的程序，分别以高于均值一个标准差和低于均值一个

标准差为基准,描绘了在不同的环境不确定性水平下,高层管理者政治关系、商业关系对机会获取影响的差异,图 6-4、图 6-5 表明了这种交互作用的影响模式。在低环境不确定性下,高层管理者的政治关系、商业关系更有利于机会获取。分析结果表明,本研究假设 H_9 和假设 H_{10} 均得到了有效验证。

表 6-20　多元回归分析

变量	机会获取				
	模型 1	模型 2	模型 3	模型 4	模型 5
控制变量					
企业年龄	-0.046	-0.040	-0.016	0.027	-0.008
企业规模	0.022	0.020	0.012	-0.029	0.022
所属行业	-0.018	-0.084	-0.010	-0.025	-0.031
国有企业	-0.016	-0.027	-0.027	-0.063	-0.003
民营企业	0.029	-0.045	0.005	-0.073	0.014
东部地区	-0.058	0.003	-0.036	0.003	-0.019
中部地区	-0.168	-0.127	-0.119	-0.095	-0.086
自变量					
商业关系		0.341***		0.263***	
政治关系		0.254***			0.273***
调节变量					
环境不确定性			0.365***	0.266***	0.312***
交互项					
商业关系*环境不确定性				-0.203**	
政治关系*环境不确定性					-0.293***

续表 6-20

变量	机会获取				
	模型 1	模型 2	模型 3	模型 4	模型 5
R^2	0.021	0.238	0.149	0.271	0.307
Adjusted R^2	-0.013	0.204	0.115	0.235	0.273
F-value	0.616	6.945***	4.406**	7.410***	8.833***
R^2 Change	0.021	0.217	0.128	0.250	0.287

注：$n=210$；***$p<0.001$，**$p<0.01$，*$p<0.05$，+$p<0.1$。

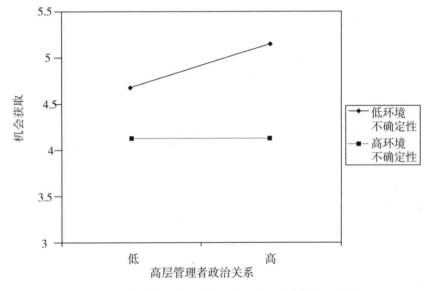

图 6-4　高层管理者政治关系与环境不确定性交互作用

（2）有中介的调节效应：高层管理者关系与环境不确定性的交互项通过机会获取对创业导向的间接影响。

本研究在检验有中介的调节效应时，首先采用温忠麟等（2006）推荐的方法检验有中介的调节效应，具体的做法如下：第一步，因变量对自变量、调节变量以及自变量和调节变量的交互项进行回归，交互项的系数显著；第二步，中介变量对自变量、调节变量以及交互项进行回归，交互

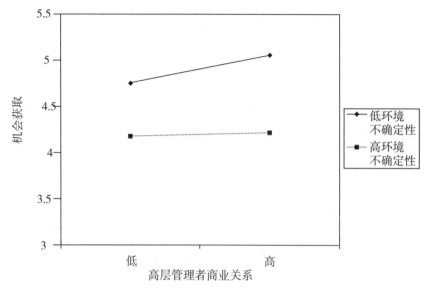

图6-5 高层管理者商业关系与环境不确定性交互作用

项的系数显著;第三步,将自变量、调节变量、自变量与调节变量交互项和中介变量同时放入回归方程中,中介变量的系数显著,且交互项的系数不再显著或降低。然后,在此基础上,进一步采用Hayes(2013)推荐的有条件间接效应分析方法进行有中介的调节模型检验。当间接效应显著不为零时,有中介的调节作用被支持。

层级回归结果显示,对因变量创业导向的回归结果见表6-21,如模型6所示,把管理者的商业关系、环境不确定性及商业关系和环境不确定性的交互项同时放入回归方程,商业关系和环境不确定性的交互项对创业导向有显著的负向影响($\beta = -0.170$,$p<0.05$);如模型7所示,高层管理者的政治关系、环境不确定性及政治关系和环境不确定性的交互项同时放入回归方程,政治关系和环境不确定性的交互项对创业导向有显著的负向影响($\beta = -0.123$,$p<0.05$)。

对中介变量机会获取的回归结果见表6-20。如模型4所示,把高层管理者商业关系、环境不确定性及商业关系和环境不确定性的交互项同时放入回归方程,商业关系和环境不确定性的交互项对机会获取有显著的负向影响($\beta = -0.203$,$p<0.01$);如模型5所示,把管理者政治关系、

环境不确定性及政治关系和环境不确定性的交互项同时放入回归方程，政治关系和环境不确定性的交互项对机会获取有显著的负向影响（$\beta = -0.293$, $p < 0.001$）。

当把自变量与调节变量的交互项与中介变量同时放入对因变量的回归模型中，结果如表 6-21 的模型 8 和模型 9 所示，机会获取对创业导向的影响效应依旧是显著的（$\beta = 0.478$, $p < 0.001$；$\beta = 0.517$, $p < 0.001$），而交互项对因变量的影响效应变得不显著，商业关系与环境不确定性的交互项的影响效应变得不再显著（由 $\beta = -0.203$, $p < 0.01$ 变为 -0.073, n.s.）；政治关系与环境不确定性的交互项的影响效应也变得不再显著（由 $\beta = -0.293$, $p < 0.001$ 变为 0.028, n.s.）。因此，机会获取在管理者关系与环境不确定性的交互对创业导向的影响间扮演中介角色，假设 H_{11} 和假设 H_{12} 初步得到了支持。

为进一步验证环境不确定性对创业导向有中介的调节效应，本研究采用 Hayes 推荐的有条件间接效应分析方法进行有中介的调节模型检验。因为交互效应间接效应减少量一般都不服从正态分布，所以选用 Bootstrap 生成该统计量的置信区间，即在样本容量为 m 的基础上有放回地随机抽取 m 个样本 n 次（n 一般大于 1000，在本研究中 $n = 5000$），对抽取得到的 n 组 m 个样本的数据逐组计算出 n 个间接效应的估计值。然后，将计算出的这 n 个间接效应估计值的均值作为点估计值。最后，将得到的 n 个间接效应估计值按大小顺序排列，取该序列的 2.5% 和 97.5% 的两个百分位数用以估计 95% 的间接效应的置信区间。若该置信区间不包括 0，则表明此间接效应在 95% 置信区间内达到显著性水平，就确认被中介的调节作用得到了数据支持。

见表 6-22，Bootstrap 检验结果显示，在 95% 的置信区间下，高层管理者商业关系与环境不确定性交互项通过机会获取对创业导向的间接效应值为 0.134，置信区间为 [0.054, 0.250]，不包括 0。在控制了机会获取的中介作用后，高层管理者商业关系和环境不确定性的交互项对创业导向的直接效应不再显著（$\beta = 0.032$, $SE = 0.070$, $p = 0.652$），这表明机会获取在高层管理者商业关系和环境不确定性的交互项间发挥中介作用。进一步按照调节变量均值加减一个标准差，分析了不同程度环境不确定性与商业关系的交互通过机会获取对创业导向的间接效应。低环境不确定性与商业关系的交互通过机会获取对创业导向的间接效应值为 0.217，置信区

第六章 高层管理者关系与新产品开发能力的实证研究

表6-21 多元回归分析

变量	创业导向								
	模型1	模型2	模型3	模型4	模型5	模型6	模型7	模型8	模型9
控制变量									
企业年龄	-0.139+	-0.169*	-0.131+	-0.128*	-0.133*+	-0.099	-0.114	-0.112	-0.119+
企业规模	0.259**	0.284***	0.260***	0.257***	0.261***	0.233**	0.271***	0.246***	0.259***
所属行业	-0.049	-0.057	-0.016	-0.022	-0.019	-0.027	-0.034	-0.015	-0.018
国有企业	-0.090	-0.076	-0.070	-0.073	-0.070	-0.116	-0.077	-0.086	-0.075
民营企业	-0.062	-0.009	-0.021	-0.034	-0.021	-0.078	-0.020	-0.043	-0.028
东部地区	-0.013	-0.025	-0.012	-0.006	-0.011	0.000	-0.017	-0.001	-0.007
中部地区	-0.011	-0.037	-0.051	0.054	0.050	0.015	0.012	0.060	0.056
自变量									
商业关系	0.279***			0.067		0.156*	0.149*	0.031	0.008
政治关系		0.202**			0.017				
中介变量									
机会获取			0.546***	0.519***	0.540***			0.478***	0.517***
调节变量									
环境不确定性						0.225**	0.257***	0.098	0.096

续表 6-21

变量	创业导向								
	模型 1	模型 2	模型 3	模型 4	模型 5	模型 6	模型 7	模型 8	模型 9
交互项									
商业关系 * 环境不确定性						-0.170*		-0.073	
政治关系 * 环境不确定性							-0.123*		0.028
R^2	0.137	0.102	0.354	0.358	0.354	0.202	0.178	0.369	0.363
Adjusted R^2	0.103	0.067	0.328	0.329	0.325	0.162	0.137	0.334	0.328
F-value	3.992***	2.866**	13.779***	12.380***	12.200***	5.041***	4.316***	10.510***	10.272***
R^2 Change	0.074	0.040	0.291	0.295	0.292	0.139	0.115	0.306	0.301

注：$n=210$；***$p<0.001$，**$p<0.01$，*$p<0.05$，+$p<0.1$。

表6-22 有中介的调节效应检验结果

分组	路径系数			直接效应	间接效应（95%置信区间）
	$X_1W \to M$	$X_1W \to Y$	$M \to Y$	$X_1W \to M \to Y$	
$W+1SD$				0.094 (n.s.)	0.217 [0.108, 0.379]
W	-0.274*	-0.094	0.458***	0.032 (n.s.)	0.134 [0.054, 0.250]
$W-1SD$				-0.030 (n.s.)	0.051 [-0.060, 0.198]
	$X_2W \to M$	$X_2W \to Y$	$M \to Y$	$X_2W \to M \to Y$	
$W+1SD$				-0.012 (n.s.)	0.214 [0.131, 0.325]
W	-0.312***	0.029	0.495***	0.007 (n.s.)	0.111 [0.058, 0.181]
$W-1SD$				0.027 (n.s.)	0.009 [-0.057, 0.083]

注：X_1：高层管理者商业关系；X_2：高层管理者政治关系；W：环境不确定性；M：机会获取；Y：创业导向；SD：调节变量标准差。Bootstrap=5000。

间为 [0.108, 0.379]，不包括 0。在控制了机会获取的中介作用后，高层管理者商业关系和环境不确定性的交互项对创业导向的直接效应不再显著（$\beta = 0.094$，$SE = 0.080$，$p = 0.240$）；而高环境不确定性与商业关系的交互通过机会获取对创业导向的间接效应值为 0.051，置信区间为 [-0.060, 0.198]，包括 0。从以上结果来看，机会获取在管理者商业关系与环境不确定性交互对创业导向的影响过程中发挥中介作用，进一步支持了假设 H_{11}。

管理者政治关系与环境不确定性交互项通过机会获取对创业导向的间接效应值为 0.111，置信区间为 [0.058, 0.181]，不包括 0。在控制了机会获取的中介作用后，高层管理者政治关系和环境不确定性的交互项对创业导向的直接效应不再显著（$\beta = 0.007$，$SE = 0.049$，$p = 0.881$），这表明机会获取在高层管理者政治关系和环境不确定性的交互项间发挥中介作用。进一步按照调节变量均值加减一个标准差，分析了不同程度环境不确定性与政治关系的交互通过机会获取对创业导向的间接效应。低环境不确定性与政治关系的交互通过机会获取对创业导向的间接效应值为 0.214，置信区间为 [0.131, 0.325]，不包括 0。在控制了机会获取的中介作用后，高层管理者政治关系和环境不确定性的交互项对创业导向的直接效应不再显著（$\beta = -0.012$，$SE = 0.066$，$p = 0.853$）；而高环境不确定性与政治关系的交互项通过机会获取对创业导向的间接效应值为 0.009，置信区间为 [-0.057, 0.083]，包括 0。从以上结果来看，机会获取在管理者政治关系与环境不确定性交互对创业导向的影响过程中发挥中介作用，进一步支持了假设 H_{12}。

2. 企业规模的有中介的调节效应检验

本研究在分析企业规模的有中介的调节效应时，在回归模型中加入企业成立年限、企业所有制、企业所属行业和企业所属地区四个企业层面的特征变量作为控制变量。

（1）企业规模的调节效应。在验证企业规模对高层管理者关系与机会获取间关系的影响时，在构建自变量与调节变量的交互项时，将自变量和调节变量分别进行了标准化处理以消除共线性。见表 6 - 23，模型 1 是包含企业成立年限、企业所有制、企业所属行业和企业所属地区四个控制变量的基本模型。模型 2 表明高层管理者商业关系与政治关系对机会获取有正向影响（$\beta = 0.342$，$p < 0.001$；$\beta = 0.253$，$p < 0.001$）。在模型 4 中

加入企业规模和高层管理者商业关系与企业规模的交互项，结果显示高层管理者商业关系与企业规模的交互项对机会获取显现出正向影响（$\beta = 0.168$，$p < 0.05$），即企业规模越大，高层管理者商业关系对机会获取的影响效应越大。而高层管理者政治关系对机会获取的影响不受企业规模的调节，在模型5中高层管理者政治关系与企业规模的交互项对机会获取影响效应不显著（$\beta = 0.039$，n.s.）。为了进一步呈现企业规模的调节效应，在此根据 Aiken 和 West（1991）推荐的程序，本研究分别以高于均值一个标准差和低于均值一个标准差为基准，描绘了不同的企业规模下，高层管理者商业关系对机会获取影响效应的差异，图6-6表明了这种交互作用的影响模式。如图6-6所示，当企业规模较大时，高层管理者的商业关系更有利于机会获取。以上分析表明本研究假设 H_{13} 得到了有效验证，假设 H_{14} 未得到数据支持。

表6-23 多元回归分析

变量	机会获取				
	模型1	模型2	模型3	模型4	模型5
控制变量					
企业年龄	-0.037	-0.031	-0.046	0.001	-0.062
所属行业	-0.015	-0.082	-0.018	-0.062	-0.070
国有企业	-0.016	-0.026	-0.016	0.005	-0.017
民营企业	0.028	-0.047	0.029	-0.022	0.021
东部地区	-0.057	0.004	-0.058	0.003	-0.027
中部地区	-0.167	-0.126	-0.168	-0.114	-0.163
自变量					
商业关系		0.342***		0.442***	
政治关系		0.253***			0.339***
调节变量					
企业规模			0.020	-0.029	0.049
交互项					

续表 6-23

变量	机会获取				
	模型 1	模型 2	模型 3	模型 4	模型 5
商业关系 * 企业规模				0.168*	
政治关系 * 企业规模					0.039
R^2	0.021	0.238	0.021	0.206	0.136
Adjusted R^2	-0.008	0.207	-0.013	0.170	0.097
F-value	0.709	7.839***	0.614	5.753***	3.501***
R^2 Change	0.021	0.217	0.000	0.185	0.116

注：$n=210$；***$p<0.001$，**$p<0.01$，*$p<0.05$，+$p<0.1$。

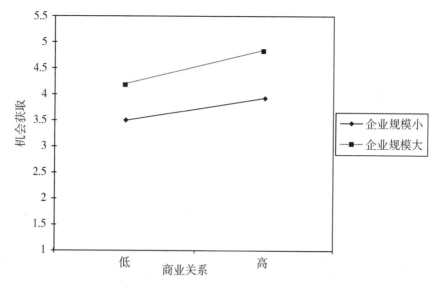

图 6-6　高层管理者商业关系与企业规模交互作用

（2）有中介的调节效应：高层管理者关系与企业规模的交互项通过机会获取对创业导向的间接影响。

本研究在检验企业规模有中介的调节效应时，依旧先通过温忠麟等（2006）推荐的方法检验有中介的调节效应，在此基础上进一步采用 Hayes（2013）推荐的有条件间接效应分析方法进行有中介的调节模型检验。

运用温忠麟等推荐的方法的层级回归结果显示，对因变量创业导向的回归结果见表6-24。如模型1所示，把管理者商业关系、企业规模及商业关系和企业规模的交互项同时放入回归方程，商业关系和企业规模的交互项对创业导向没有显著的影响（$\beta=0.079$，n.s.）；如模型2所示，把高层管理者政治关系、企业规模及政治关系和企业规模的交互项同时放入回归方程，政治关系和企业规模的交互项对创业导向没有显著的影响（$\beta=-0.019$，n.s.）。创业导向对高层管理者商业关系和企业规模的交互项、政治关系和企业规模的交互项回归系数的影响均不显著，因此，本研究的假设 H_{15} 和假设 H_{16} 并未得到支持，即高层管理者关系与企业规模的交互项并不能通过机会获取对创业导向产生影响，企业规模对创业导向并不发挥有中介的调节作用。

表6-24 多元回归分析

变量	创业导向			
	模型1	模型2	模型3	模型4
控制变量				
企业年龄	-0.131	-0.174	-0.131	-0.139
所属行业	-0.055	-0.060	-0.022	-0.022
国有企业	-0.073	-0.074	-0.075	-0.065
民营企业	-0.047	-0.009	-0.036	-0.020
东部地区	-0.006	-0.025	-0.008	-0.010
中部地区	-0.007	-0.037	0.053	0.051
自变量				
商业关系	0.294***		0.064	
政治关系		0.206**		0.022

续表 6-24

变量	创业导向			
	模型 1	模型 2	模型 3	模型 4
中介变量				
机会获取			0.521***	0.541***
调节变量				
企业规模	0.247**	0.284***	0.261**	0.257**
交互项				
商业关系 * 企业规模	0.079		-0.009	
政治关系 * 企业规模		-0.019		-0.040
R^2	0.143	0.104	0.358	0.357
Adjusted R^2	0.104	0.064	0.326	0.324
F-value	3.706***	2.576**	11.112***	11.026***
R^2 Change	0.006	0.000	0.000	0.002

注：$n=210$；$***p<0.001$，$**p<0.01$，$*p<0.05$，$+p<0.1$。

四、研究结果讨论

本研究通过对 210 家成熟企业的问卷调研分析发现，高层管理者关系对企业新产品开发能力有积极影响。高层管理者商业关系与政治关系对新产品开发能力的作用路径有所不同。高层管理者商业关系对新产品开发能力的影响路径有直接影响和间接影响，而高层管理者政治关系对新产品开发能力的影响只能通过机会获取和创业导向而实现。此结果进一步证实了学者们所认为的高层管理者商业关系与政治关系对企业影响路径存在差异。

在对高层管理者关系对企业新产品开发能力的影响路径分析中，研究发现，高层管理者的商业关系和政治关系都会促进企业的创业导向。本研究结论与 Cao 等（2015）对于 CEO 的外部社会资本对创业导向是线性的积极影响的研究结论一致。高层管理者的商业关系和政治关系是管理者获取信息和资源的渠道，及时有效的信息及可靠的资源获取渠道能帮助管理者更加准确地分析企业环境，获取更多的机会，有利于企业创业导向的实施。

机会获取在管理者关系与创业导向形成之间发挥着中介作用。机会辨识和机会利用形成了组织的机会获取能力，管理者关系有利于扩展高层的认知边界，进而促进机会获取能力的提升。组织在不断捕捉机会的过程中组织形成的战略决策惯例有利于组织创新、提升承担风险的信心，进而实现企业的创业导向的选择。这也间接验证了尚航标和黄培伦（2010），Gavetti 和 Levinthal（2000），Gavetti（2005）等研究中的管理认知能够促进组织能力发展的结论。本研究结论支持了 Eshima 和 Anderson（2017）提出的价值获取机理的创业导向形成模式，高层管理者关系有利于高层管理者识别和利用机会。在中国背景下，机会获取能够解释影响创业导向的作用机理，扩充了创业导向研究视角。已有研究认为创业导向是新机会的开拓（Patel et al.，2015），本研究证实了机会获取机制对创业导向的影响。

本研究进一步分析了环境不确定性与企业规模对高层管理者关系对机会获取和创业导向的影响作用。本研究发现，环境不确定性削弱企业利用高层管理者商业关系、政治关系对机会获取的正向影响，进而影响企业的战略导向选择。外部环境的不确定性对高层管理者政治关系与机会获取间关系的影响强于高层管理者商业关系与机会获取间关系的影响。这是因为政治关系与商业关系对企业机会获取的影响机理并不相同（Li et al.，2014）。高层管理者与商业伙伴之间不仅仅分享运营资源，也分享战略资源，所以企业间的商业关系在一定程度上利润共存。而高层管理者与政府的关系可能是为了规避法规而刻意发展的，具有"机会主义"倾向。因此，高层管理者政治关系与机会获取间的关系对外界环境更为敏感。同时，本研究发现，企业规模仅调节高层管理者商业关系与机会获取间的影响效应，即企业规模越大，高层管理者商业关系对机会获取的影响效应越大。在此基础上进一步验证企业规模是否对高层管理者关系与创业导向的影响存在有中介的调节效应。结果显示，企业规模与高层管理者商业关系、政治关系的交互项并不能通过影响机会获取来间接影响创业导向。

第三节 本章小结

本章对第五章提出的高层管理者关系对新产品开发能力的作用机制模型，利用对210家成熟企业的问卷调查数据，综合运用因子分析、相关分析、层次回归分析、结构方程模型等方法进行分析验证，逐层深入探讨了高层管理者关系、机会获取、创业导向、新产品开发能力、环境不确定性和企业规模间的作用机理，假设验证结果见表6-25。实证检验结果表明，高层管理者与商业伙伴、政府官员之间建立的商业关系和政治关系，能促进企业机会获取，而机会获取有利于促进企业创业导向，进而提升企业的新产品开发能力。从企业所处外部环境来看，环境不确定性越小，越有利于企业通过商业关系和政治关系获取机会，进而促进企业创业导向的形成。从企业自身规模来看，相比规模小的企业，规模大的企业更容易通过高层管理者的商业关系来获取机会。高层管理者的政治关系与机会获取的关系不受企业规模的影响。

表6-25 本研究假设验证结果

研究假设	是否验证
H_1：高层管理者商业关系对机会获取有显著的正向影响	是
H_2：高层管理者政治关系对机会获取有显著的正向影响	是
H_3：机会获取对创业导向具有显著的正向影响	是
H_4：创业导向对新产品开发能力具有显著的正向影响	是
H_5：机会获取在高层管理者商业关系和创业导向之间发挥中介作用	是
H_6：机会获取在高层管理者政治关系和创业导向之间发挥中介作用	是
H_7：机会获取、创业导向在高层管理者商业关系和新产品开发能力之间发挥中介作用	是
H_8：机会获取、创业导向在高层管理者政治关系和新产品开发能力之间发挥中介作用	是

续表 6-25

研究假设	是否验证
H_9：环境不确定性在高层管理者商业关系和机会获取之间起调节作用。组织面临的环境不确定性越高，高层管理者商业关系对机会获取的正向影响就越弱	是
H_{10}：环境不确定性在高层管理者政治关系和机会获取之间起调节作用。组织面临的环境不确定性越高，高层管理者政治关系对机会获取的正向影响就越弱	是
H_{11}：高层管理者商业关系与环境不确定性的交互对创业导向的影响通过机会获取的中介作用而实现，即环境不确定性较高时，高层管理者商业关系对机会获取的正向影响被削弱，从而削弱高层管理者商业关系对创业导向的正向作用	是
H_{12}：高层管理者政治关系与环境不确定性的交互对创业导向的影响通过机会获取的中介作用而实现，即环境不确定性较高时，高层管理者政治关系对机会获取的正向影响被削弱，从而削弱高层管理者政治关系对创业导向的正向作用	是
H_{13}：企业规模在高层管理者商业关系和机会获取之间发挥调节作用，规模越大的企业通过高层管理者商业关系促进机会获取的可能性越大	是
H_{14}：企业规模在高层管理者政治关系和机会获取之间发挥调节作用，规模越大的企业通过高层管理者政治关系促进机会获取的可能性越大	否
H_{15}：高层管理者商业关系与企业规模的交互对创业导向的影响通过机会获取的中介作用而实现，即企业规模越大时，高层管理者商业关系对机会获取的正向影响被增强，从而增强高层管理者商业关系对创业导向的正向作用	否
H_{16}：高层管理者政治关系与企业规模的交互对创业导向的影响通过机会获取的中介作用而实现，即企业规模越大时，高层管理者政治关系对机会获取的正向影响被增强，从而增强高层管理者政治关系对创业导向的正向作用	否

第七章 结论和展望

在本章节中,将进一步对本研究的研究结论进行阐述与讨论,总结相应的理论贡献和实践启示,并且同时将本研究的不足进行了说明,并以此提出研究展望。

第一节 研究结论

面对着不断开放的国际环境,深化改革的国内环境,动态变化的技术环境,企业需要不断整合内外部资源,提升企业的竞争能力。本研究回答了在中国转型经济背景下高层管理者关系是否以及通过何种作用机理对企业新产品开发能力产生影响。围绕这一命题,本研究综合运用理论研究、案例研究、大样本统计研究等一系列研究方法以及 SPSS、AMOS 等数理统计工具,将定性分析和定量分析有机结合,逐层深入地探究了以下相关研究问题:①高层管理者关系与企业新产品开发能力有何关系?②高层管理者关系与企业新产品开发能力间的作用机制如何?③环境不确定性、企业规模对此作用机制是否有影响?从而深入剖析了高层管理者关系、机会获取、创业导向与新产品开发能力之间的影响机理。经过前面章节的论证和分析,得出了主要研究结论。

(一)高层管理者关系对企业新产品开发能力有正向影响

高层管理者关系是高层管理者与外部组织间交互的跨边界行为(Geletkanycz and Hambrick, 1997)。中国关系型社会背景凸显了高层管理者关系在企业发展成长中的重要性(郭海等,2011)。高层管理者关系是企业知识、资源获取和转移的渠道,为管理者提供与战略决策相关的及时有效的信息,帮助降低环境的复杂性和模糊性(Peng and Luo, 2000),能够为企业提供资源支持。有研究认为,在转型时期的中国,管理者关系能促进企业绩效的改善(Li and Zhang, 2007; Peng and Luo, 2000),企业可以通过关系资本获取外部资源(Peng and Luo, 2000;郭海, 2010)。有的研究将关系直接看成是企业获取竞争优势的重要资源(Tsang, 1998)。更多的研究发现,管理者关系能增强组织的合法性及机会识别(郭海, 2013)、组织学习(邹国庆、倪昌红等, 2010)、知识交换和过程创新等(Shu et al., 2012)。而本研究发现,高层管理者关系能提升企业的新产品开发能力,在 Wu(2011)、Naqshbandi(2016)的研究基础上,证实了高层管理者关系能够促进企业创业,并将企业发展的着力点延伸到新产品开发能力上。

(二)高层管理者关系通过机会获取、创业导向作用于企业新产品开发能力

本研究通过对 210 家企业的数据进行结构方程建模和多重中介分析发现,高层管理者关系对新产品开发能力的作用是通过以下路径实现的:高层管理者商业关系既可以直接作用于新产品开发能力,也可以通过机会获取和创业导向间接影响新产品开发能力;而高层管理者政治关系只能通过机会获取和创业导向间接影响新产品开发能力。这个发现支持了 Li 等(2014)学者对于政治关系与商业关系的不同作用机理的主张。与合作伙伴、供应商以及客户之间的商业关系更有利于促进新产品开发的知识和资源的交换与整合,因此,能直接作用于企业的新产品开发能力。而政治关系只能为企业带来更多的战略性资源和信息,从而间接促进企业新产品开发能力的提升。

同时,本研究发现,高层管理者关系对机会获取有正向的影响。Li 等(2014)从组织学习视角分析了管理者关系对新创企业机会获取能力的促进作用,本研究支持了 Li 等的观点,证实了管理者关系对机会获取能力的促进作用不仅仅在新创企业背景下其研究结论成立,在成立年限大于 4 年的成熟企业中,高层管理者的关系对机会获取能力也有显著促进作用。从能力演化的经验逻辑视角,管理者在机会捕捉过程中形成的启发式规则,有利于机会出现时管理者做出快速决策;从能力演化的认知视角,管理者在接触多样化的知识和信息的过程中,能够提升对机会的敏感度,

有利于机会识别和利用。本研究也一定程度上佐证了潘安成和李鹏飞（2014）在基于农业创业故事的中国情境背景下的交情行为对把握创业机会的重要作用的研究。本研究将研究样本转向更广泛的企业类型，认为管理者的社会关系对组织把握机会能力有促进作用，并进行实证检验，验证此结论的普适性。

本研究发现，机会获取对创业导向有正向的影响。Busenitz（2003）认为，在未来创业研究中，需要有更多的研究聚焦在机会发现及其相关领域，要深入剖析机会与创业活动中其他因素的联系。本研究发现了机会获取与创业导向的正向联系，进一步揭示了创业活动作为新价值创造过程的内在机理。刘万利等（2011）的研究基于创业个体层面，主张创业机会能够促进创业意愿的产生，本研究从组织层面证实了机会获取对创业导向的促进作用。机会被视为创业活动的核心环节（林嵩等，2004），是创业的必备条件（刘万利等，2011）。对机会获取在高层管理者与创业导向间的完全中介作用的发现，进一步阐释了机会获取在创业导向形成中的不可或缺性。Li 等（2014）验证了管理者关系对机会获取的促进作用。Rodrigo-Alarcón 等（2018）检验了动态能力在社会资本与创业导向之间的中介机制。而本研究综合两者的研究结论，分析了机会获取能力在管理者关系与创业导向间的中介作用。本研究结论支持了 Eshima 和 Anderson（2017）提出的价值获取机理的创业导向形成模式。本研究证实了机会获取在高层管理者关系与创业导向间的中介作用。机会获取基于机会的识别和利用，高层管理者关系有利于高层管理者识别和利用机会。在中国背景下，机会获取机制能够解释创业导向的形成机理，扩充了创业导向研究视角。

本研究丰富了从"战略导向"到"战略实施能力"的转化路径研究，在学者们探究了战略导向与动态能力（Zhou and Li，2010）、创业导向与动态能力（焦豪等，2008）关系的基础上，证实了创业导向与新产品开发能力的积极关系。创业导向是企业的一种勇于创新、敢于承担风险、较竞争对手更为主动的战略姿态，这种战略选择能够促进企业成长的路径之一是提升企业的新产品开发能力。本研究证实了在中国情境下，成熟企业的创业导向对新产品开发能力确实有积极的影响。先前对创业导向的结果变量的研究主要集中在企业绩效（Shan et al.，2016）、创新绩效（Joaquín and Ricardo，2013）、新产品开发绩效（Morgan et al.，2015）等方面，鲜有研究触及新产品开发能力。本研究拓宽了创业导向对企业内部要素影响的作用机理的研究,细化了作为创业导向结果变量的动态能力的类别。焦豪等(2008)研究分析了创业导向对动态能力形成的促进作用。本研究探讨的是一种具体的动态能力即新产品开发能力,这种能力是企业能够通过改变运营过程中的一些规则和过程而实现的组织惯例。

(三)环境不确定性会降低高层管理者关系对机会获取的正向影响,进而弱化高层管理者关系对创业导向的间接效应

本研究发现,环境不确定性会削弱高层管理者商业关系、政治关系对机会获取的正向影响,环境不确定性对高层管理者政治关系与机会获取间关系的影响强于对高层管理者商业关系与机会获取间关系的影响。高层管理者与商业伙伴之间不仅仅分享运营资源,也分享战略资源,所以商业关系所带来的机会在一定程度上利润共存,机会价值高。而高层管理者与政府的关系所带来的机会可能具有更强的"机会主义"倾向。因此,高层管理者政治关系与机会获取间的关系对外界环境更为敏感。本研究响应了Miller(2011)提出的应该在具体的研究情境分析创业导向的影响因素的号召。从战略管理视角,企业的战略选择应基于企业资源与环境的匹配。在中国转型经济背景下,环境不确定性是其主要特征,管理者关系在外部环境不确定的情况下是否以及如何影响创业导向,是一个值得剖析的问题。环境不确定性为高层管理者关系对创业导向的影响效应研究提供了重要情境。

Wales等(2011)认为,企业处于高创业导向期(持续的追求创业行为)和低创业导向期(创业行为的缺失)的循环中。本研究发现,环境不确定性会削弱管理者关系对机会获取的正向影响,进而弱化其对创业导向的间接效应。当环境不确定性低时,企业更倾向于实施创业行为,因为此时企业对外界环境的分析可能更清晰,企业所要面对的创业困难和创业风险更加容易把控,在机会识别和机会应用方面表现出更大的可能性,企业会表现出较高的创业导向。而当环境不确定性高时,本研究验证了Wales等(2011)所指出的企业选择更加保守的创业导向可能更能从中获得收益时,就会降低创业行为的发生率。对于企业来说,对机会的把握取决于机会本身的收益和风险的权衡,包括当前利益和未来利益的权衡,局部利益和整体利益的权衡,所以实施创业导向不代表企业要一直不断地实施创业行为。正如Anderson等(2015)所强调的,从长期来看,创业行

为拥有真实稳定或者理性持续的状态,表明在中国技术更新日新月异、体制变化风云莫测的环境中,企业要及时做出调整及应对策略。

(四) 企业规模正向增强高层管理者商业关系对企业机会获取的影响

本研究发现,企业规模会加强高层管理者商业关系对机会获取的正向影响效应,但并不会影响高层管理者政治关系对机会获取的正向影响效应。同时,企业规模并不能通过增强高层管理者关系对机会获取的影响而强化其对创业导向的正向影响。这表明高层管理者商业关系的本质依旧是交换,企业所处的社会网络决定了企业从网络关系中能够获取的信息和资源。当企业规模越大时,企业拥有的资源越多,这就为企业与网络中的合作伙伴交互信息和资源提供了可能。之前的研究发现,管理者的社会特性与企业行为之间存在联系,而本研究发现,企业特质也会作用于管理者(Acquaah, 2007; Peng and Luo, 2000),影响管理者在网络中的信息和资源的整合。当管理者所在的企业规模越大时,越有利于企业通过高层管理者商业关系识别和捕捉机会,进而提升企业的机会获取能力。

第二节 研究贡献

一、理论贡献

(一) 为管理者关系的影响效应研究提供了新视角

管理者关系在转型经济背景下的作用显得尤为突出。然而,学者们对管理者关系是否有助于提升企业绩效这一问题并未达成一致认识。造成对此问题认识差异的一种可能原因是现有研究并未对管理者关系如何影响企业绩效的作用机制进行深入研究。本研究基于社会资本理论、认知基础观和企业能力理论,剖析了高层管理者关系对企业新产品开发能力的影响机制,为管理者关系是否有助于提升企业绩效这一问题的回答提供了新的视角。研究发现,高层管理者商业关系会通过直接和间接两种路径影响企业新产品开发能力,而高层管理者政治关系只能通过机会获取和创业导向构成的间接路径影响企业的新产品开发能力。高层管理者关系对新产品开发能力的影响效应研究,将管理者关系对企业的影响效应扩充到了企业动态能力方面。

现有研究从资源基础观、知识基础观、制度理论等视角剖析了管理者关系在整合外部资源、获取外部知识及企业合法性过程中的重要作用,而忽略了关系拥有者——高层管理者因为拥有关系资源而对企业决策行为的影响。在中国关系型社会背景下,高层管理者关系不仅仅能够为企业带来差异化知识、异质性资源,建立企业间往来的桥梁,也能通过影响高层管理者的价值判断和机会认知进而影响到企业的经营决策。现有研究发现,高层管理者关系会影响企业的战略选择(Peng and Luo,2000;Li et al.,2008;Zhang and Li,2008)。本研究基于认知基础观,进一步发现高层管理者关系会影响企业机会获取,进而影响创业导向的形成,证实了拥有关系资源的高层管理者在机会获取、创业行为中的决策路径,将高层管理者关系对企业的战略影响扩充到了对创业导向的选择。

(二)丰富了创业导向的研究成果

本研究丰富了创业导向的前因研究。以往对创业导向驱动因素的研究主要基于两方面:创业导向的战略视角和创业导向的创业视角。战略视角主要从组织资源、结构的视角来分析创业导向的驱动因素,而创业视角主要从高层管理者的特质出发。本研究从认知基础观和资源基础观出发,分析了高层管理者关系对创业导向的驱动机制,整合了创业导向的战略视角和创业视角。本研究丰富了先前的管理者行为特质对创业导向的影响研究,将其扩充到了作为企业重要资源的管理者关系对创业导向的影响方面。为了更进一步挖掘高层管理者关系对创业导向的作用机理,本研究引入了机会获取的中介机制。机会获取基于机会的识别和利用,高层管理者关系有利于高层管理者识别和利用机会,高层管理者关系能影响企业的机会获取能力,进而促进创业导向的形成。本研究结论支持了 Eshima 和 Anderson(2017)提出的价值获取机理的创业导向形成模式,证实了创业导向是资源消耗型战略选择(Covin and Slevin,1991),企业创业导向的增强源于企业有目的的战略行为方式。创业导向的潜在的价值取决于在企业进行资源投资获取价值之前,高层管理者对创业机会的判断。在中国背景下，机会获取机制能够解释创业导向的形成机理，扩充创业导向研究视角。

本研究扩充了创业导向的结果变量研究。创业导向是组织为了获得竞争优势而采取的相应的战略姿态，通过促进组织能力的提升来影响企业绩效。虽然已有研究已经证实了创业导向与动态能力的作用机理，但是对于创业导向与新产品开发能力这种具体的动态能力的关系并没有涉猎。本研究将创业导向的影响效应扩充到了新产品开发能力方面。

本研究扩展了创业导向的研究情境。创业导向是研究企业创业程度的变量，企业创业导向在不同的情境下有不同程度的体现。从战略管理视角看，企业的战略选择应基于企业环境与资源的匹配。从外部环境来看，在中国转型经济背景下，环境不确定性是其主要特征。本研究分析了环境不确定性对高层管理者关系与创业导向之间作用机理的影响；基于企业内部资源视角，拥有资源更多的企业可能会从外部交换得到更多的资源，因而探求了不同企业规模对高层管理者关系与机会获取间作用机理的影响效应。环境不确定性和企业规模的引入，扩充了创业导向形成机制的研究情境。

（三）细化了动态能力的驱动机制研究

动态能力理论概念的模糊化和一般性使得动态能力相关领域研究推进缓慢。本研究锁定动态能力惯例观的研究视角，聚焦新产品开发能力这种具体体现在企业新产品开发方面的动态能力进行研究，探寻其可能的形成机理。研究发现，高层管理者关系能够促进企业新产品开发能力提升，剖析了高层管理者关系对新产品开发能力的影响路径，丰富了动态能力研究的相关成果。

聚焦于新产品开发能力这种具体的动态能力，为本研究深化新产品开发能力的驱动机制提供了可行性。本研究区分了高层管理者商业关系和政治关系两种不同的关系类型，并通过实证研究证实了商业关系和政治关系对新产品开发能力的不同作用机制。高层管理者商业关系能够促进企业新产品开发能力的提升，佐证了现有研究中的基于外部网络视角、供应链视角的商业伙伴间合作、知识交互有利于企业新产品开发的研究结论。而高层管理者政治关系只能通过影响机会获取和创业导向间接影响新产品开发能力，这种间接路径是通过企业的机会获取和创业导向的选择而实现的。

二、实践启示

(一) 关注高层管理者关系对企业的积极作用

关系作为一种非正式制度,其重要性已经被广泛认知。但是随着市场化进程的不断推进,越来越多的企业在模仿西方企业的管理方式,一味地将关系对企业经营的负面影响夸大,从而忽略了中国的现实情境,应该探求适合中国企业的经营管理方式。因此,对于关系这种根深蒂固地存在于中国情境中的资源,应该掌握其核心特质,重视关系的资本化过程,发挥关系对企业经营过程的积极影响。众所周知,关系可以帮助企业从合作伙伴或政府部门获得所谓的"内部"消息,诠释政府政策的内容,获得其他企业所不能获得的资源,这一切在中国关系文化情境下都具有一定的认知合法性,因此,管理者应该充分地构建和利用外部关系平台。

本研究认为,高层管理者关系可以通过企业层面经营行为的转变来将关系资源资本化,进而提升企业的价值。基于信任而获得高质量的、及时的信息能够使企业及时地识别商业机会,捕捉商业机制,在高人际化关系的社会,关系嵌入纽带依旧具有其核心的价值。管理者之间的信任能演化为企业与企业之间的信任,这种信任能提供更多的商业便利。

在有限理性的认识背景下,管理者关系可以给组织带来发展所需要的一些资源和信息,也包括一些社会服务和支持。与商业伙伴之间的关系有利于降低交易成本;与社会其他组织,例如银行、政府、大学等科研院校的关系,能够使企业更进一步与动态变化的市场建立联系,提升企业的能力。

(二) 关注高层管理者关系在创业活动中的作用

在中国情境下,初创企业的管理者关系的重要性被大家所认知,而对于成熟企业来说,管理者的社会关系依旧在企业边界扩展的过程中发挥着重要的作用。管理者个人社会关系能够为其带来资源和信息方面的支持。现阶段,外部环境的不确定性使得企业很难构建长期的竞争优势,只能通过连续的短期的竞争优势的构建实现企业的可持续发展,而这就凸显了机会时效性的重要性。企业只有通过不断地识别和利用机会来构建竞争优势。而高层管理者关系有利于企业发现、利用机会。一方面，管理者与政府官员建立的关系能够为组织带来产业发展的相关政策信息，产业新规划、新调整都意味着新的商业机会，企业要善于捕捉政策背后的机会。另一方面，管理者与客户、供应商、合作伙伴等建立的关系，有利于管理者更好地把握市场需求，协调行业间的资源，这些也有利于企业发现新的机会。

虽然很多管理者重视关系在企业创业中的重要性，但是他们却忽略了企业外部资源与信息对企业经营行为的影响是建立在组织能力基础之上的。研究分析发现，管理者关系所带来的信息资源优势只有通过企业自身的机会获取能力才能影响企业的创业导向，进而实现外部资源内部资本化的过程。因此，管理者在通过关系获取信息时，要提高对机会的敏感性，增强对机会的识别能力，同时要能及时地整合组织内部资源，抓住机会，提升组织的整体协作能力。

(三) 重视外部环境对企业决策的影响

本研究对成熟企业的战略导向选择提供了可供参考的视角。当企业发展到一定阶段时，实施创业导向与保守导向是一种选择，而这种选择受到管理者和外部环境的影响。本研究发现，外部环境的不确定性在高层管理者关系对创业导向的影响过程中的作用不可忽视。企业的创业行为伴随着高风险性和收益不确定性，外部环境不确定性的高低会影响企业的机会获取，从而影响企业的创业导向。创业导向是企业的一种战略姿态，并不是创业导向形成之后就保持在同一个水平，而是要根据具体情况进行调整。企业的创业导向是从高到低的一个带式分布。对于成熟企业来说，当环境不确定性高时，企业会保证现有业务的正常经营，会降低风险高的创业活动。而当环境不确定性低时，此时的企业对所处环境的分析较为清晰，高层管理者关系所带来的信息效应能发挥大的作用，有利于企业机会获取，实施高的创业导向。

第三节　研究不足与未来展望

通过对相关研究的回顾，并结合企业的实地调研情况，运用探索性案例研究，构建了高层管理者关系与新产品开发能力之间的作用机制模型，再通过数理统计分析，验证了构建模型的正确性和有效性，得出了一些较为有意义的研究结论。尽管在问题分析和探讨过程中，应力求符合严谨的科学规范要求，以确保能够真实反映企业现实经营情况，但是，因为所研究问题的复杂性和研究者自身能力的限制，本研究依旧存在许多不足，有待未来进一步完善。

一、研究不足

第一，本研究采用问卷调查的方式来验证相关的理论推论和研究假设。问卷收集的数据均来源于受访对象对企业实际运用情况的主观评判。虽然在问卷设计和调研过程中，本研究采取了一系列减少数据偏差的措施，例如，借鉴国内外成熟的量表，双向互译等，但仍然不可避免地存在受访者对问卷题项内容的理解偏差的情况，或者对企业自身发展情况高估的现象，因此可能造成收集到的数据不能够真实地反映企业的实际情况，从而对研究结论造成一定的影响。

第二，由于研究者自身调研资源的有限性，本研究的各主要变量的调研数据均为一次性收集的截面数据，未保证变量之间在时间序列上的排列。因此，本研究的实证研究结论并不能充分证明高层管理者关系、机会获取、创业导向与新产品开发能力之间存在的严格的前后因果关系，故而各变量之间可能存在的互为因果的可能性也会影响本研究的结论。

第三，因为样本数量的限制，本研究并未根据企业所处的行业特性做进一步的细分研究。由于不同行业各具特点，不同行业的发展驱动力不同，各个行业所处的生命周期阶段也不同，这些因素都可能会对高层管理者关系与新产品开发能力的作用机制产生影响。本研究并未针对不同行业的特点深入剖析管理者关系的作用机制，这有待在后续研究中做进一步细化。

二、未来展望

基于本研究的核心研究问题以及当前研究中所存在的各种不足，未来仍有许多研究议题值得进一步深入探讨。

第一，相对于问卷调查方法，未来研究可以尝试利用一些二手数据来衡量相关的研究变量，如运用专利数据等衡量企业的新产品开发。二手数据能够较为真实、客观地反映企业的真实经营情况，以降低问卷填答者的主观偏差影响。另外，在数据收集的过程中，可以尝试对调研数据进行时间序列上的区分，以避免可能的内生性因素对研究结论的影响，能够更加深入地检验变量间存在的因果关系。

第二，本研究聚焦于高层管理者关系时，将关系作为一种治理结构的收益，而未深究关系所带来的成本和负面影响。管理者关系对企业的影响在不同情境下会有不同的体现，可以从企业所处的外部环境，探讨是否会对关系的发挥机制及效用产生影响，如研究不同区域位置的企业，因为其所处地理位置的市场化程度不同；从企业自身来看，可以深入研究不同生命周期阶段的企业对待关系及利用关系的不同表现。

本研究从商业关系和政治关系两个维度来探讨管理者关系的作用机理，没有细化不同的管理者关系的不同作用机制。管理者关系作为一种非正式制度，能够在正式制度不完善的情况下促进交易行为的产生。随着企业所处环境的复杂性增加，影响交易发生的因素增多，因此，管理者与不同利益相关群体的关系对企业层面的经营行为的影响，需要进一步的剖析。例如，在未来的研究中，应该充分考虑与政府的关系（中央政府、地方政府），与企业（竞争者、商业伙伴）的关系，与客户（企业客户和最终客户）和股东的关系。对多范畴不同性质的关系组合的研究能够丰富关系研究。

第三，本研究在剖析高层管理者关系对创业导向的作用机制时依附于高层管理者的社会关系的信息和资源对创业导向的促进作用，是创业导向由上而下的产生和实施的过程。然而，一些创业的意愿可能来源于组织中的高层管理者团队之外的企业的其他较低的层级，创业导向可能作为"草根"战略出现。因此，在后续的研究中，可以考虑换个视角，由下而上地探求创业导向的形成机理。

第四，本研究仅仅分析了创业导向对新产品开发能力的直接效应，并未进一步分析其可能的作用边界。必须认识到较高的创业导向并不是总比保守的创业导向有更大的收益（Wales et al.，2013a）。因此，在研究创业导向的影响效应时，也需要剖析在何种具体的情境下创业导向可能会给企业带来负面的影响。本研究未考虑创业导向对新产品开发能力的作用机制过程中的环境变量的影响，在未来研究中可以更进一步分析。创业导向是高风险和资源密集型战略（Covin and Slevin，1991）。Miller 和 Friesen（1982）以及 Zahra（1993）认为，如果说企业实施创业导向高于某个临界值，将会对企业财务带来损害，那么创业导向的影响效应应该表现为非线性。因此，未来的研究应该更进一步探求在具体的情境下创业导向的非线性影响机制。

第五，本研究在考虑创业导向的形成机制时，考虑了环境不确定性对高层管理者关系与创业导向间关系的调节效应，未考虑别的环境因素，如环境动态性等，包括市场环境、技术环境和制度环境等，在未来的研究中仍需继续深入探讨。本研究仅仅考虑了环境不确定条件下创业导向的影响机制，而未进一步区别探讨不同行业、不同组织形式的企业创业导向的成因。不同的组织形式可能会有不同的创业导向的驱动因素（Miller，1983），因此，当创业导向的研究情境在现有基础上继续细化时，可能会使人们对创业导向的形成机制有更深入的认识。

附 录

附录一：访谈提纲

一、简要介绍访谈的目的
自我介绍、学术目的、保护企业及被访谈者隐私。
二、了解企业基本情况
（一）企业概况
（1）请简单介绍一下企业的基本情况（包括企业发展历程、里程碑事件、员工情况、资质、利润等）。
（2）请简单介绍一下企业的主要业务和特色，在行业中有什么竞争优势？
（二）与商业伙伴的关系情况
（1）您和商业伙伴（供应商、客户、竞争者）关系如何？
（2）这些关系对贵企业在哪些方面产生了什么样的影响？
（3）请您举例谈谈与商业伙伴合作的一些情况。
（4）这些合作给贵企业带来了哪些收益？有负面影响吗？
（5）与商业伙伴彼此分享了哪些信息？
（6）贵公司与伙伴企业之间的信任程度如何？
（三）与政府部门的关系情况
（1）您和政府部门关系如何？
（2）这些关系对贵企业在哪些方面产生了什么样的影响？
（3）这些关系是否给贵企业带来收益？带来了哪些收益？有负面影响吗？
（4）与政府部门的关系是否能带来对企业发展有帮助的信息？能举例谈一谈吗？

（四）企业新产品开发能力的情况
（1）与同行相比，贵公司的新产品开发能力如何？
（2）贵公司的新产品产出（新产品或者新服务开发的成功率、专利数）情况如何？
（3）贵公司新产品开发的盈利能力如何？

附录二：调查问卷

企业管理者关系、创业行为与竞争优势的关系研究

尊敬的女士/先生：

　　您好！非常感谢您抽出宝贵的时间参加此次问卷调查！本问卷是一项学术研究调研，旨在了解管理者社会关系、创业导向与企业竞争优势间的影响机制的研究。本问卷仅为学术研究所用，内容绝不涉及贵企业的任何商业机密，所获信息也不会用于任何商业目的，您提供的任何信息将会受到严格保密，请您根据企业的实际情况放心作答，答案无对错之分。
　　非常感谢您的支持和合作，祝您的事业蒸蒸日上！

一、企业基本情况
1. 企业名称和网址：＿＿＿＿＿＿＿＿＿＿＿＿＿＿
2. 企业所属行业：＿＿＿＿＿＿＿＿＿＿＿＿＿＿＿
3. 企业成立年份：＿＿＿＿＿＿＿年
4. 企业员工人数：＿＿＿＿＿＿＿人
5. 企业所在城市：＿＿＿＿＿＿＿＿＿＿＿＿＿
6. 企业所有制性质：□国有企业　□民营/私营企业
　　　　　　　　　□外资/合资企业　□其他

二、企业创业行为

本公司的创业行为	非常不同意	不同意	一般	同意	非常同意
1. 公司强调研发、技术领先、产品创新和管理创新等	1	2	3	4	5
2. 公司在最近三年对新产品或服务的开发力度比较大	1	2	3	4	5
3. 公司新产品或服务的改造力度比较大	1	2	3	4	5
4. 公司倾向于选择高风险、高回报的项目	1	2	3	4	5
5. 当面对不确定性环境时，公司倾向于迅速反应，大胆决策	1	2	3	4	5
6. 当面对不确定性环境时，公司经常采取积极的行动	1	2	3	4	5
7. 公司经常先于竞争对手发现机会，采取行动	1	2	3	4	5
8. 公司倾向于在本行业中率先引入新产品、进入新市场或引进新的技术	1	2	3	4	5
9. 公司能够预测行业发展趋势，率先提出新的管理理念和方法	1	2	3	4	5

三、企业建立的关系

本公司建立的关系	非常不同意	不同意	一般	同意	非常同意
1. 我们与顾客之间已建立了密切的联系	1	2	3	4	5
2. 我们注重理解顾客的需求	1	2	3	4	5
3. 我们重视发展与顾客之间的关系	1	2	3	4	5
4. 与供应商之间良好的个人关系对公司有重要作用	1	2	3	4	5

续上表

本公司建立的关系	非常不同意	不同意	一般	同意	非常同意
5. 我们采取实际行动与供应商经理层建立良好的关系	1	2	3	4	5
6. 我们了解供应商的优点与不足	1	2	3	4	5
7. 我们确保与有影响力的政府官员建立良好的关系	1	2	3	4	5
8. 我们采取实际行动与政府官员建立良好的关系	1	2	3	4	5
9. 改善与政府官员的关系对我们很重要	1	2	3	4	5

四、企业机会获取行为

当面对机会时，本公司	非常不同意	不同意	一般	同意	非常同意
1. 强调警觉性和响应速度	1	2	3	4	5
2. 专注于追求高潜力的商业前景	1	2	3	4	5
3. 充分利用潜在的能力来创造竞争优势	1	2	3	4	5

五、企业所处环境情况

本公司所处的行业	非常不同意	不同意	一般	同意	非常同意
1. 顾客需求变化很快	1	2	3	4	5
2. 市场上现有产品的过时速度非常快	1	2	3	4	5
3. 行业内技术变革的速度非常快	1	2	3	4	5
4. 市场竞争状况难以预测	1	2	3	4	5
5. 同行业内的竞争越来越激烈	1	2	3	4	5

六、企业新产品开发情况

最近三年，本公司经常	非常不同意	不同意	一般	同意	非常同意
1. 引进新一代产品	1	2	3	4	5
2. 扩展产品线	1	2	3	4	5
3. 进入新的技术领域	1	2	3	4	5
4. 开拓新市场	1	2	3	4	5

本问卷到此结束，您辛苦了！

附录三：研究附表

附表1 测量题项的描述性统计分析

测量题项	极大值	极小值	均值	标准差	偏度 统计量	偏度 标准误	峰度 统计量	峰度 标准误
CMT1	2	5	4.070	0.702	−0.512	0.168	0.419	0.334
CMT2	2	5	4.170	0.798	−0.651	0.168	−0.201	0.334
CMT3	2	5	4.130	0.711	−0.514	0.168	0.164	0.334
CMT4	2	5	3.950	0.690	−0.467	0.168	0.531	0.334
CMT5	2	5	4.000	0.735	−0.372	0.168	−0.120	0.334
CMT6	2	5	3.990	0.607	−0.253	0.168	0.597	0.334
PMT1	1	5	3.810	0.841	−0.368	0.168	0.094	0.334
PMT2	1	5	3.380	0.916	−0.303	0.168	−0.012	0.334
PMT3	1	5	3.920	0.827	−0.473	0.168	0.018	0.334
OPC1	2	5	3.930	0.653	−0.662	0.168	1.334	0.334
OPC2	2	5	3.960	0.838	−0.462	0.168	−0.364	0.334
OPC3	2	5	3.890	0.727	−0.433	0.168	0.233	0.334
ENI1	1	5	3.880	0.739	−0.886	0.168	1.920	0.334

续上表

测量题项	极大值	极小值	均值	标准差	偏度		峰度	
					统计量	标准误	统计量	标准误
ENI2	1	5	3.710	0.779	-0.555	0.168	0.730	0.334
ENI3	1	5	3.740	0.778	-0.551	0.168	0.440	0.334
ENR1	1	5	3.430	0.846	-0.133	0.168	-0.185	0.334
ENR2	1	5	3.640	0.758	-0.428	0.168	0.653	0.334
ENR3	1	5	3.670	0.855	-0.600	0.168	0.428	0.334
ENP1	1	5	3.820	0.759	-0.554	0.168	0.646	0.334
ENP2	1	5	3.730	0.845	-0.519	0.168	0.502	0.334
ENP3	1	5	3.830	0.788	-0.692	0.168	1.305	0.334
EUT1	1	5	3.760	0.842	-0.594	0.168	0.399	0.334
EUT2	1	5	3.800	0.872	-0.308	0.168	-0.378	0.334
EUT3	1	5	3.860	0.800	-0.586	0.168	0.735	0.334
EUT4	1	5	3.730	0.867	-0.210	0.168	-0.413	0.334
EUT5	1	5	3.960	0.797	-0.726	0.168	1.048	0.334
NPDC1	1	5	3.940	0.739	-0.834	0.168	1.494	0.334
NPDC2	1	5	3.920	0.857	-0.533	0.168	0.187	0.334
NPDC3	1	5	3.940	0.934	-0.695	0.168	0.026	0.334
NPDC4	1	5	4.050	0.903	-0.930	0.168	0.644	0.334

参考文献

[1] ACQUAAH M. Managerial social capital, strategic orientation, and organizational performance in and emerging economy [J]. Strategic management journal, 2007, 28 (12): 1235 – 1255.

[2] ACUR N, KANDEMIR D, BOER H. Strategic alignment and new product development: drivers and performance effects [J]. Journal of product innovation management, 2012, 29 (2): 304 – 318.

[3] ADLER P S, KWON S W. Social capital: prospects for a new concept [J]. The academy of management review, 2002, 27 (1): 17 – 40.

[4] AIKEN L S, WEST S G. Multiple regression: testing and interpreting interactions [M]. Thousand oaks, CA: SAGE Publications, 1991.

[5] ALTINAY L, MADANOGLU M, VITA G D, et al. The Interface between organizational learning capability, entrepreneurial orientation, and SME growth [J]. Journal of small business management, 2016, 54 (3): 871 – 891.

[6] AMBROSINI V, BOWMAN C. What are dynamic capabilities and are they a useful construct in strategic management? [J]. International journal of management reviews, 2009, 11 (1): 29 – 49.

[7] ANDERSON B S, KREISER P M, KURATKO D F, et al. Reconceptualizing entrepreneurial orientation [J]. Strategic management journal, 2015, 36 (10): 1579 – 1596.

[8] ANDER R, HELFAT C. Corporate effects and dynamic managerial capabilities [J]. Strategic management journal, 2003, 24 (10): 1011 – 1025.

[9] ASSINK M. Inhibitors of disruptive innovation capability: a Conceptual Model [J]. European journal of innovation management, 2006, 9 (2):

215-233.

[10] AUGIER M, TEECE D J. Dynamic capabilities and the role of managers in business strategy and economic performance [J]. Organization science, 2009, 20 (2): 410-421.

[11] BAKER W E, SINKULA J M. The complementary effects of market orientation and entrepreneurial orientation on profitability in small businesses [J]. Journal of small business management, 2009, 47 (4): 443-464.

[12] BARNEY J B. Strategic factor markets: expectations, luck, and business strategy [J]. Management science, 1986, 32 (10): 1231-1241.

[13] BARON R A. opportunity recognition as pattern recognition: how entrepreneurs "connect the dots" to identify new business opportunities [J]. Academy of management perspectives, 2006, 20 (1): 104-119.

[14] BARON R M, KENNY D A. The moderator-mediator variable distinction in social psychological research: conceptual, strategic and statistical considerations [J]. Journal of personality and social psychology, 1986, 51 (6): 1173.

[15] BENTLER P M, BONNETT D G. Significance tests and goodness of fit in analysis of covariance structures [J]. Psychological bulletin, 1980, 88 (3): 588-606.

[16] SWOBODA B, OLEJNIK E. Linking processes and dynamic capabilities of international smes: the mediating effect of international entrepreneurial orientation [J]. Journal of small business management, 2016, 54 (1): 139-161.

[17] BINGHAM C B, HALEBLIAN J J. How firms learn heuristics: uncovering missing components of organizational learning [J]. Strategic entrepreneurship journal, 2012, 6 (2): 152-177.

[18] BINGHAM C B, EISENHARDT K M, FURR A R. What makes a process a capability? heuristics, strategy, and effective capture of opportunities [J]. Strategic entrepreneurship journal, 2007, 1 (1/2): 27-47.

[19] BLESA A, RIPOLLES M. The role of market orientation in the relationship between entrepreneurial proactiveness and performance [J]. Journal of entrepreneurship, 2003, 12 (1): 1-19.

[20] BREZNIK L, HISRICH R D. Dynamic capabilities vs. innovation capability: are they related? [J]. Journal of small business and enterprise development, 2014, 21 (3): 368-384.

[21] BURGELMAN R A. A process model of internal corporate venturing in the major diversified firm [J]. Administrative science quarter, 1983, 28 (2): 223-244.

[22] BUSENITZ L, BARNEY J. Differences between entrepreneurs and managers in large organizations [J]. Journal of business venturing, 1997, 12 (1): 9-30.

[23] BUSENITZ L W, WEST G P, SHEPHERD D, et al. Entrepreneurship research in emergence: past trends and future directions [J]. Journal of management, 2003, 39 (3): 285-208.

[24] CALANTONE R J, SCHMIDT J B, SONG X M. Controllable factors of new product success: a cross-national comparison [J]. Marketing science, 1996, 15 (4): 341-358.

[25] CAO Q, SIMSEK Z, JANSEN J J P. CEO social capital and entrepreneurial orientation of the firm: bonding and bridging effects [J]. Journal of management, 2015, 41 (7): 1957-1981.

[26] CAROLIS C M D, SAPARITO P. Social capital, cognition, and entrepreneurial opportunities: a theoretical framework [J]. Entrepreneurship theory and practice, 2006, 30 (1): 41-56.

[27] CHOI Y R, SHEPHERD D A. Entrepreneurs' decisions to exploit opportunities [J]. Journal of management, 2004, 30 (3): 377-395.

[28] CHUNG H F L, WANG C L, HUANG P H, et al. Organizational capabilities and business performance: when and how does the dark side of managerial ties matter? [J]. Industrial marketing management, 2016, 55 (5): 70-82.

[29] COOPER L P. A research agenda to reduce risk in new product development through knowledge management: a practitioner perspective [J]. Journal of engineering and technology management, 2003, 20 (1-2): 117-140.

[30] COVIN J G, LUMPKIN G T. Entrepreneurial orientation theory and research: reflections on a needed construct [J]. Entrepreneurship: theory and

practice, 2011, 5 (5): 855-872.

[31] COVIN J G, SLEVIN D P. A conceptual model of entrepreneurship as firm behavior [J]. Entrepreneurship: theory and practice, 1991, 16 (1): 7-25.

[32] COVIN J G, SLEVIN D P. Strategic management of small firms in hostile and benign environments [J]. Strategic management journal, 1989, 10 (1): 75-87.

[33] COVIN J G, WALES W J. The measurement of entrepreneurial orientation [J]. Entrepreneurship theory and practice, 2012, 36 (4): 677-702.

[34] CRONBACH L J. Coefficient alpha and the internal structure of tests [J]. Psychometrika, 1951, 16 (3): 297-334.

[35] CROSSAN M M, APAYDIN M. A multi-dimensional framework of organizational innovation: a system review of the literature [J]. Journal of management studies, 2010, 47 (6): 1154-1191.

[36] DAFT R L, WEICK K E. Toward a model organizations as interpretation systems [J]. Academy of management review, 1984, 9 (2): 284-295.

[37] DANNEELS E. Organizational antecedents of second order competences [J]. Strategic management journal, 2008, 29 (5): 519-543.

[38] DAVISDSON P, HONIG B. The role of social and human capital among nascent entrepreneurs [J]. Journal of business venturing, 2003, 18 (3): 301-331.

[39] DE CLERCQ D, DIMOV D, THONGPAPANL N T. Organizational social capital, formalization, and internal knowledge sharing in entrepreneurial orientation formation [J]. Entrepreneurship theory and practice, 2013, 37 (3): 505-537.

[40] DEEDS D L, DECAROLIS D, COOMBS J. Dynamic capabilities and new product development in high technology ventures: an empirical analysis of new biotechnology firms [J]. Journal of business venturing, 2000, 15 (3): 211-229.

[41] DESS G G, LUMPKIN G T, COVIN J G. Entrepreneurial strategy

making and firm performance: tests of contingency and configurational models [J]. Strategic management journal, 1997, 18 (9): 677 – 695.

[42] DIERICKX I, COOL K. Asset stock accumlation and sustainability of competitive advantage [J]. Management science, 1989, 35 (12): 1504 – 1511.

[43] DOWNEY H K, HELLRIEGEL D, SLOCUM J W. Environmental uncertainty: the construct and its application [J]. Administrative science quarterly, 1975, 19 (4): 613 – 629.

[44] DUNCAN R B. Characteristics of organizational environments and perceived environmental uncertainty [J]. Administrative science quarterly, 1972, 17 (3): 313 – 327.

[45] ECKHARDT J T, Shane S A. Opportunities and entrepreneurship [J]. Journal of management, 2003, 29 (3): 333 – 349.

[46] EGGERS J P, KAPLAN S. Cognition and renewal: Comparing CEO and organizational effects on incumbent adaptation to technical change [J]. Organization science, 2009, 20 (2): 461 – 477.

[47] EISENHARDT K M, GRAEBNER M E. Theory building from cases: opportunities and challenges [J]. The academy of management journal, 2007, 50 (1): 25 – 32.

[48] EISENHARDT K M, MARTIN J A. Dynamic capabilities: what are they [J]. Strategic management journal, 2000, 21 (10/11): 1105 – 1121.

[49] EISENHARDT K M. Building theories from case study research [J]. Academy of management review, 1989, 14 (4): 532 – 550.

[50] ELENURM T. Entrepreneurial orientations of business students and entrepreneurs [J]. Baltic journal of management, 2012, 7 (2): 217 – 231.

[51] ELFENBEIN D W, ZENGER T R. What is a relationship worth? repeated exchange and the development and deployment of relational capital [J]. Organization science, 2014, 25 (1): 222 – 244.

[52] ENGELEN A, GUPTA V, STRENGER L, et al. Entrepreneurial orientation, firm performance, and the moderating role of transformational leadership behaviors [J]. Journal of management, 2015, 41 (4): 1069 – 1097.

[53] ENGELEN A, KAULFERSCB A, SCBMIDT S. The contingent

role of top management's social capital on the relationship between entrepreneurial orientation and performance [J]. Journal of small business management, 2016, 54 (3): 827 – 850.

[54] ESHIMA Y, ANDERSON B S. For growth, adaptive capability and entrepreneurial orientation [J]. Strategic management journal, 2017, 38 (3): 770 – 779.

[55] FAN P, LIANG Q, LIU H, et al. The moderating role of context in managerial ties-firm performance link: a meta-analytic review of mainly chinese-based studies [J]. Aria pacific business review, 2013, 19 (4): 461 – 489.

[56] FARJOUN M. Strategy making, novelty and analogical reasoning – commentary on gavetti, levinthal, and rivkin (2005) [J]. Strategic management journal, 2008, 29 (9): 1001 – 1016.

[57] FELDMAN M S, MARCH J G. Information in organizations as signal and symbol [J]. Administrative science quarterly, 1981, 26 (2): 171 – 186.

[58] FORNELL C, LARKER D F. Evaluating structural equation models with unobservable variables and measurement error [J]. Journal of marketing research, 1981, 18 (1): 39 – 50.

[59] FRANCO M, HAASE H. Entrepreneurship: an organizational learning approach [J]. Journal of small business and enterprise development, 2009, 16 (4): 628 – 641.

[60] GAO Y, SHU C L, JIANG X, et al. Managerial ties and product innovation: the moderating roles of macro-and micro-institutional environments [J]. Long range planning, 2017, 50 (2): 168 – 183.

[61] GAVETTI G, LEVINTHAL D. Looking forward and looking backward: cognitive and experiential search [J]. Administrative science quarterly, 2000, 45 (1): 113 – 137.

[62] GAVETTI G. Cognition and hierarchy: rethinking the microfoundations of capabilities' development [J]. Organization science, 2005, 16 (6): 599 – 617.

[63] GELETKANYCZ M A, HAMBRICK D C. The external ties of top executives: implications for strategic choice and performance [J]. Administrative science quarterly, 1997, 42 (4): 654 – 681.

[64] GEORGE B A, MARINO L. The epistemology of entrepreneurial orientation: conceptual formation, modeling, and operationalization [J]. Entrepreneurship theory and practice, 2011, 35 (5): 989-1024.

[65] GIDEON D M, DAVID B B, ROBERT A B. Inventors and new venture oration: the effects of general self-efficacy and regretful thinking [J]. Entrepreneurship theory and practice, 2002, 27 (2): 149-165.

[66] GLASER B, STRAUSS A. The discovery of grounded theory [M]. Chicago: aldine, 1967.

[67] GU F F, HUNG K, TSE D K. When does guanxi matter? issues of capitalization and its dark sides [J]. Journal of marketing, 2008, 72 (4): 12-28.

[68] GUIMARÃES J C F D, SEVERO E A, DORION E C H, et al. The use of organisational resources for product innovation and organisational performance: a survey of the Brazilian furniture industry [J]. International journal of production economics, 2016, 180 (10): 135-147.

[69] GUMUSLUOGLU L, ACUR N. Fit among business strategy, strategy formality, and dynamic capability development in new product development [J]. European management review, 2016, 13 (2): 107-123.

[70] GUO H, XU E, JACOBS M. Managerial political ties and firm performance during institutional transitions: an analysis of mediating mechanisms [J]. Journal of business research, 2014, 67 (2): 116-127.

[71] HAMBRICK D C, SCHECTER S M. Turnaround strategies for mature industrial-product business units [J]. Academy of management journal, 1983, 26 (2): 231-248.

[72] HAMEL G, PRAHALAD C K. Competing for the future [M]. Boston, MA: Harvard Business School Press, 1994.

[73] HAYES A F. An index and test of linear moderated mediation [J]. Multivariate behavioral research, 2015, 50 (1): 1-22.

[74] HAYES A F. Introduction to mediation, moderation, and conditional process analysis: a regression-based approach [M]. New York: Guilford Press, 2013.

[75] HEAVEY C, SIMSEK Z, ROCHE F, et al. Decision comprehen-

siveness and corporate entrepreneurship: the moderating role of managerial uncertainty preferences and environmental dynamism [J]. Journal of management studies, 2009, 46 (8): 1289 – 1314.

[76] HELFAT C E, PETERAF M A. Understanding dynamic capabilities: progress along a developmental path [J]. Strategic organization, 2009, 7 (1): 91 – 102.

[77] HELFAT C E, FINKELSTEIN S, MITCHELL W, et al. Dynamic capabilities: understanding strategic change in organizations [M]. Malden: Blackwell, 2007.

[78] HE Z L, WONG P K. Exploration vs. exploitation: an empirical test of the ambidexterity hypothesis [J]. Organization science, 2004, 15 (4): 481 – 494.

[79] HITT M A, IRELAND R D, CAMP S M, et al. Strategic entrepreneurship: entrepreneurial strategies for wealth creation [J]. Strategic management journal, 2001, 22 (6 – 7): 479 – 491.

[80] HODGKINSON G P, HEALEY M P. Psychological foundations of dynamic capabilities: reflexion and reflection in strategic management [J]. Strategic management journal, 2011, 32 (13): 1500 – 1516.

[81] IRELAND R D, COVIN J G, KURATKO D F. Conceptualizing corporate entrepreneurship strategy [J]. Entrepreneurship theory and practice, 2009, 33 (1): 19 – 46.

[82] JACK S, MOULT S, ANDERSON A R, et al. An entrepreneurial network evolving: patterns of change [J]. International small business journal, 2010, 28 (4): 315 – 337.

[83] JOAQUÍN A, RICARDO C. Linking entrepreneurial orientation and firm performance: the role of organizational learning capability and innovation performance [J]. Journal of small business management, 2013, 51 (4): 491 – 507.

[84] JOHNSTON W J, LEACH M P, LIU A H. Theory testing using case studies in business-to-business research [J]. Industrial marketing management, 1999, 28 (3): 201 – 213.

[85] KASSARJIAN H H. Content analysis in consumer research [J].

Journal of consumer research, 1977, 4 (1): 8 – 18.

[86] KOTABE M, JIANG C X, MURRAY J Y. Managerial ties, knowledge acquisition, realized absorptive capacity and new product market performance of emerging multinational companies: a case of China [J]. Journal of world business, 2011, 46 (2): 166 – 176.

[87] KREISER P, MARINO L. Analyzing the historical development of the environmental uncertainty construct [J]. Management decision, 2002, 40 (9): 895 – 905.

[88] KURATKO D F, AUDRETSCH D B. Clarifying the domains of corporate entrepreneurship [J]. International entrepreneurship & management journal, 2013, 9 (3): 323 – 335.

[89] LAWRENCE P R, LORSCH J W. Organisation and environment: managing differentation and integration [M]. Cambridge: Harvard Business School Press, 1967.

[90] LAWSON B, SAMSON D. Developing innovation capability in organization: a dynamic capabilities approach [J]. International journal of innovation management, 2001, 15 (3): 377 – 400.

[91] LEE C, LEE K, PENNINGS J M. Internal capabilities, external networks, and performance: a study on technology-based ventures [J]. Strategic management journal, 2001, 22 (6/7): 615 – 640.

[92] LEVINTHAL D A, MARCH J G. The myopia of learning [J]. Strategic management journal, 1993, 14 (S2): 95 – 112.

[93] LI H, ZHANG Y. The Role of managers' political networking and functional experience in new venture performance: evidence from china's transition economy [J]. Strategic management journal, 2007, 28 (8): 791 – 804.

[94] LI J J, POPPO L, ZHOU K Z. Do managerial ties in china always produce value? competition, uncertainty, and domestic vs. foreign firms [J]. Strategic management journal, 2008, 29 (4): 383 – 400.

[95] LI J J, ZHOU K Z, SHAO A T. Competitive position, managerial ties, and profitability of foreign firms in china: an interactive perspective [J]. Journal of international business studies, 2009, 40 (2): 339 – 352.

[96] LI J J, ZHOU K Z. How foreign firms achieve competitive advan-

tage in the chinese emerging economy: managerial ties and market [J]. Journal of business research, 2010, 63 (8): 856 – 862.

[97] LI Y, CHEN H, LIU Y, et al. Managerial ties, organizational learning, and opportunity capture: a social capital perspective [J]. Asia pacific journal of management, 2014, 31 (1): 271 – 291.

[98] LINN. Social Capital: a theory of social structure and action [M]. Cambridge: Cambridge University Press, 2001.

[99] LING Y, SIMSEK Z, LUBATKIN M H, et al. Transformational leadership's role in promoting corporate entrepreneurship: examining the ceo-tmt interface [J]. Academy of management journal, 2008, 51 (3): 557 – 576.

[100] LIU J J, CHEN L, KITTILAKSANAWONG W. External knowledge search strategies in China's technology ventures: the role of managerial interpretations and ties [J]. Management and organization review, 2013, 9 (3): 437 – 463.

[101] LUMPKIN G T, DESS G G. Clarifying the entrepreneurial orientation construct and linking it to performance [J]. Academy of management review, 1996, 21 (1): 135 – 172.

[102] LUMPKIN G T, DESS G G. Linking two dimensions of entrepreneurtial orientation to firm performance: the moderating role of environment and industry life cycle [J]. Journal of business venturing, 2001, 16 (5): 429 – 451.

[103] LUO X W, ZHONG J N. Keeping it all in the family: the role of particularistic relationships in business group performance during institutional transition [J]. Administrative science quarterly, 2005, 50 (3): 404 – 439.

[104] LUO Y, CHEN M. Does guanxi influence firm performance? [J]. Asia Pacific journal of management, 1997, 14 (1): 1 – 16.

[105] LUO Y. Are joint venture partners more opportunistic in a more volatile environment [J]. Strategic management journal, 2007, 28 (1): 39 – 60.

[106] LUO Y. Industrial dynamics and managerial networking in an emerging market: the case of China [J]. Strategic management journal, 2003, 24 (13): 1315 – 1327.

[107] BRETTEL M, CHOMIK C, FLATTEN T C. How organizational culture influences innovativeness, proactiveness, and risk-taking: fostering

entrepreneurial orientation in SMEs [J]. Journal of small business management, 2015, 53 (4): 868 – 885.

[108] MARCH J G, SHAPIRA Z. Managerial perspectives on risk and risk taking [J]. Management science, 1987, 33 (11): 1404 – 1418.

[109] MARTIN S L, JAVALGI R G. Entrepreneurial orientation, marketing capabilities and performance: the moderating role of competitive intensity on latin american international new ventures [J]. Journal of business research, 2016, 69 (6): 2040 – 2051.

[110] MARTÍN V M, REINHARDT R, GURTNER S. Stakeholder integration in new product development: a systematic analysis of drivers and firm capabilities [J]. R&D management, 2016, 46 (10): 1095 – 1112.

[111] MARTINS E C, TERBLANCHE F. Building organizational culture that stimulates creativity and innovation [J]. European journal of innovation management, 2003, 6 (1): 64 – 74.

[112] MCGRATH R G, MACMILLAN I C, SCHEINBERG S. Elitists, risk-takers, and rugged individualists? an exploratory analysis of cultural differences between entrepreneurs and non-entrepreneurs [J]. Journal of business venturing, 1992, 7 (2): 115 – 135.

[113] MCMULLEN J S, SHEPHERD D A. Entrepreneurial action and the role of uncertainty in the theory of the entrepreneur [J]. Academy of management review, 2006, 31 (1): 132 – 152.

[114] MILES R E, SNOW C C, MEYER A D. Organizational strategy, structure, process [J]. Academy of management review, 1978, 3 (3): 546 – 568.

[115] MILLER D. Correlates of entrepreneurship in three types of firms [J]. Management science, 1983, 29 (7): 770 – 791.

[116] MILLER D. Miller (1983) revisited: a reflection on eo research and some suggestions for the future [J]. Entrepreneurship theory and practice, 2011, 35 (5): 873 – 894.

[117] MILLER D, FRIESEN P. Innovation in conservative and entrepreneurial firms: two models of strategic momentum [J]. Strategic management journal, 1982, 3 (1): 1 – 25.

[118] MILLIKEN F J. Three types of perceived uncertainty about the environment: state, effect, and response uncertainty [J]. The academy of management review, 1987, 12 (1): 133-143.

[119] MINTZBERG H, AHLSTRAND B LAMPEL J. Strategy Safari: a guided tour through the wilds of strategic management [M]. New York: Free Press, 1998.

[120] MORAN P. Structural vs. relational embeddedness: social capital and managerial performance [J]. Strategic management journal, 2005, 26 (12): 1129-1151.

[121] MORGAN T, ANOKHIN S, KRETININ A, et al. The dark side of the entrepreneurial orientation and market orientation interplay: a new product development perspective [J]. International small business journal, 2015, 33 (7): 731-751.

[122] MOSAKOWSKI E. Entrepreneurial resource, organizational choices, and competitive outcomes [J]. Organization science, 1998, 9 (6): 625-643.

[123] MU J F, THOMAS E, PENG G, et al. Strategic orientation and new product development performance: the role of networking capability and networking ability [J]. Industrial marketing management, 2017, 64 (7): 187-201.

[124] MUMFORD M D. Managing creative people: strategies and tactics for innovation [J]. Human resource management review, 2000, 10 (3): 313-351.

[125] NADKARNI S, BARR S. Environmental context, managerial cognition, and strategic action: an integrated view [J]. Strategic management journal, 2008, 29 (13): 139-142.

[126] NADKARNI S, HERRMANN P. CEO personality, strategic flexibility, and firm performance: the case of the indian bpo industry [J]. Academy of management journal, 2010, 53 (5): 1050-1073.

[127] NAQSHBANDI M M. Managerial ties and open innovation: examining the role of absorptive capacity [J]. Management decision, 2016, 55 (9): 2256-2276.

[128] NARAYANAN V K, KEMMERER B. A cognitive perspective on strategic management: contribution, challenges, and implications [C]. Paper presented at the 2001 academy of management annual meeting, 2001.

[129] NELSON R R, WINTER S G. Evolutionary theorizing in economics [J]. Journal of economics perspectives, 2002, 16 (2): 23 - 46.

[130] NOKE H, HUGHES M. Climbing the value chain: strategies to create a new product development capability in mature SMEs [J]. International journal of operations & production management, 2010, 30 (2): 132 - 154.

[131] OKHMATOVSKIY I. Performance implications of ties to the government and SOEs: a political embeddedness perspective [J]. Journal of management studies, 2010, 47 (6): 1020 - 1047.

[132] OZDEMIR S Z, MORAN P, ZHONG X, et al. Reaching and acquiring valuable resources: the entrepreneur's use of brokerage, cohesion and embeddedness [J]. Entrepreneurship theory and practice, 2016, 40 (1): 49 - 79.

[133] PARK S H, LUO Y. Guanxi and organizational dynamics: organizational networking in chinese firms [J]. Strategic management journal, 2001, 22 (5): 455 - 477.

[134] PATEL P C, KOHTAMÄKI M, PARIDA V, et al. Entrepreneurial orientation as experimentation and firm performance: the enabling role of absorptive capacity [J]. Strategic management journal, 2015, 36 (11): 1739 - 1749.

[135] PENG M W, LUO Y. Managerial ties and firm performance in a transition economy: the nature of a micro-macro link [J]. Academy of management journal, 2000, 43 (3): 486 - 501.

[136] PENG M W. Institutional transitions and strategic choices [J]. Academy of management review, 2003, 28 (2): 275 - 296.

[137] SOK P, O'CASS A. Examining the new product innovation-performance relationship: optimizing the role of individual-level creativity and attention-to-detail [J]. Industrial marketing management, 2015, (47): 156 - 165.

[138] PODSAKOFFE P M, MACKENZIE S B, LEE J Y, et al. Com-

mon method biases in behavioral research: a critical review of the literature and recommended remedies [J]. Journal of applied pshychology, 2003, 88 (5): 879-903.

[139] PRIEM R L, BUTLER J E. Is the resource-based "view" a useful perspective for strategic management research? [J]. The academy of management review, 2001, 26 (1): 22-40.

[140] PRYOR C, WEBB J W, IRELAND D, et al. Toward an integration of the behavioral and cognitive influences on the entrepreneurship process [J]. Strategic entrepreneurship journal, 2016, 10 (1): 21-42.

[141] RAUCH A, WIKLUND J, LUMPKIN G T, et al. Entrepreneurial orientation and business performance: an assessment of past research and suggestions for the future [J]. Entrepreneurship theory and practice, 2009, 33 (3): 761-787.

[142] RODRIGO-ALARCÓN J, GARCÍA-VILLAVERDE P M, RUIZ-ORTEGA M J, et al. From social capital to entrepreneurial orientation: the mediating role of dynamic capabilities [J]. European management journal, 2018 (36): 195-109.

[143] RODRÍGUEZ DEL BOSQUE I, AGUDO J C, GUTIÉRREZ H S M. Determinants of economic and social satisfaction in manufacturer-distributor relationships [J]. Industrial marketing management, 2006, 35 (6): 666-675.

[144] SCHILKE O. On the contingent value of dynamic capabilities for competitive advantage: the nonlinear moderating effect of environmental dynamism [J]. Strategic management journal, 2014, 35 (2): 179-203.

[145] SCHWENK C R. Cognitive simplification processes in strategic decision-making [J]. Strategic management journal, 1984, 5 (2): 111-128.

[146] SEPHERD D A. Learning from business failure: propositions of grief recovery for the self-employed [J]. Academy of management review, 2003, 28 (2): 318-328.

[147] SHAN P, SONG M, JU X. Entrepreneurial orientation and performance: is innovation speed a missing link? [J]. Journal of business research, 2016, 69 (2): 683-690.

[148] SHANE S, VENKATARAMAN S. The promise of entrepreneurship as a field of research [J]. Academy of management review, 2000, 25

(1): 217-226.

[149] SHANE S. Reflections on the 2010 AMR decade award: delivering on the promise of entrepreneurship as a field of research [J]. Academy of management review, 2012, 37 (1): 10-20.

[150] SHAVELSON R, TOWNES L. Scientific research in education [M]. Washington, DC: National Academy Press, 2002.

[151] SHENG S, ZHOU K Z, LESSASSY L. NPD Speed vs. Innovativeness: the contingent impact of institutional and market environments [J]. Journal of business research, 2013, 66 (11): 2355-2362.

[152] SHENG S, ZHOU K Z, LI J J. The effects of business and political ties on firm performance: evidence from China [J]. Journal of marketing, 2011, 75 (1): 1-15.

[153] SHERMAN J D, SOUDER W E, JENSSEN S A. New product development performance and the interaction of cross functional integration and knowledge management [J]. Journal of product innovation management, 2005, 22 (5): 399-411.

[154] SHI W S, MARKÓCZY L, STAN C V. The continuing importance of political ties in China [J]. Academy of management perspectives, 2014, 28 (1): 57-75.

[155] SHORT J C, KETCHEN D J, SHOOK C L, et al. The concept of "opportunity" in entrepreneurship research: past accomplishments and future challenges [J]. Journal of management, 2010, 36 (1): 40-65.

[156] SHU C, PAGE A L, GAO S, et al. Managerial ties and firm innovation: is knowledge creation a missing link? [J]. Journal of product innovation management, 2012, 29 (1): 125-143.

[157] SIRMON D G, HITT M A, IRELAND R D. Managing firm resources in dynamic environments to create value: looking inside the black box [J]. Academy of management review, 2007, 32 (1): 273-292.

[158] SIMSEK Z, HEAVEY C, VEIGA J F. The impact of ceo core self-evaluation on the firm's entrepreneurial orientation [J]. Strategic management journal, 2009, 31 (1): 110-119.

[159] SIMSEK Z. CEO tenure and organizational performance: an interve-

ning model [J]. Strategic management journal, 2007, 28 (6): 653 -662.

[160] SINGH R P. A comment on developing the field of entrepreneurship through the study of opportunity recognition and exploitation [J]. Academy of management review, 2001, 26 (1): 10 -12.

[161] SLEVIN D P, COVIN J G. Time, growth, complexity and transitions: entrepreneurial challenges for the future [J]. Entrepreneurship theory and practice, 1997, 22 (2): 53 -68.

[162] SORENSEN J B, STUART T E. Aging, obsolescence and organizational innovation [J]. Administrative science quarterly, 2000, 45 (1): 81 -112.

[163] STAM W, ELFRING T. Entrepreneurial orientation and new venture performance: the mediating effect of network strategies [J]. Academy of management proceedings, 2008 (1): 1 -6.

[164] STEINER G A. Business, government, and society: a managerial perspective test and cases [M]. New York: Random House, 1984.

[165] STEVENSON H H, JARILLO J C. A paradigm of entrepreneurship: entrepreneurial management [J]. Strategic management journal, 1990 (11): 17 -27.

[166] STONE R W, GOOD D J. Measuring entrepreneurial orientation in an individualized technology contest [J]. Journal of business and entrepreneurship, 2004, 16 (8): 1 -22.

[167] STRAUSS A. Qualitative analysis for social scientists [M]. New York: Cambridge University Press, 1987.

[168] SUBRAMANIAM M, VENKATRAMAN N. Determinants of transnational new product development capability: testing the influence of transferring and deploying tacit overseas knowledge [J]. Strategic management journal, 2001, 22 (4): 359 -378.

[169] SUDDABY R. Challenges for institutional theory [J]. Journal of management inquity, 2010, 19 (1): 14 -20.

[170] SUN P, MELLAHI K, THUN E. The dynamic value of mne political embeddedness: the case of the chinese automobile industry [J]. Journal of international business studies, 2010, 41 (7): 1161 -1182.

[171] SWOBODA B, OLEJNIK E. Linking processes and dynamic capabilities of international SMEs: the mediating effect of international entrepreneurial orientation [J]. Journal of small business management, 2016, 54 (1): 139–161.

[172] TAN J J, LITSCHERT R J. Environment-strategy relationship and its performance implications: an empirical study of chinese electronics industry [J]. Strategic management journal, 1994, 15 (3): 1–20.

[173] TEECE D J, PISANO G, SHUEN A. Dynamic capabilities and strategic management [J]. Strategic management journal, 1997, 18 (7): 509–533.

[174] TEECE D J. Explicating dynamic capabilities: the nature and microfoundations of (sustainable) enterprise performance [J]. Strategic management journal, 2007, 28 (13): 1319–1350.

[175] TRIPSAS M. Technology, identity, and inertia through the lens of "the digital photography company" [J]. Organization science, 2009, 20 (2): 441–460.

[176] TSANG E W K. Can guanxi be a source of sustained competitive advantage for doing business in china? [J]. The academy of management executive, 1998, 12 (2): 64–73.

[177] UZZI B. Social structure and competition in interfirm networks: the paradox of embeddedness [J]. Administrative science quarterly, 1997, 42 (1): 35–67.

[178] VENKATRAMAN N. The concept of fit in strategy research: toward verbal and statistical correspondence [J]. The academy of management review, 1989, 14 (3): 423–444.

[179] WALDER, A G. Local governments as industrial firms: an organizational analysis of China's transition economy [J]. American journal of sociology, 1995, 101 (2): 263–301.

[180] WALES W J, MONSEN E, MCKELVIE A. The organizational pervasiveness of entrepreneurial orientation [J]. Entrepreneurship theory and practice, 2011, 35 (5): 895–923.

[181] WALES W J, GUPTA V K, MOUSE F T. Empirical research on

entrepreneurial orientation: an assessment and suggestions for future research [J]. International small business journal, 2013a, 31 (4): 357 – 383.

[182] WALES W J, PATEL P C, LUMPKIN G T. In pursuit of greatness: CEO narcissism, entrepreneurial orientation, and firm performance variance [J]. Journal of management studies, 2013b, 50 (6): 1041 – 1069.

[183] WALES W J, PATEL P C, PARIDA V, et al. Nonlinear effects of entrepreneurial orientation on small firm performance: the moderating role of resource orchestration capabilities [J]. Strategic entrepreneurship journal, 2013c, 7 (2): 93 – 121.

[184] WALES W J. Entrepreneurial orientation: a review and synthesis of promising research directions [J]. International small business journal, 2016, 34 (1): 3 – 15.

[185] WALES W, WIKLUND J, MCKELVIE A. What about new entry? examining the theorized role of new entry in the entrepreneurial orientation-performance relationship [J]. International small business journal, 2015, 33 (4): 351 – 373.

[186] WALSH J P. Managerial and organizational cognition: notes from a trip down memory lane [J]. Organization science, 1995, 6 (3): 280 – 321.

[187] WANG C L, CHUNG H F L. The moderating role of managerial ties in market orientation and innovation: an asian perspective [J]. Journal of business research, 2013, 66 (12): 2431 – 2437.

[188] WANG G, XU J, YUAN C, et al. Managerial ties and firm performance in an emerging economy: tests of the mediating and moderating effects [J]. Asia pacific journal of management, 2013, 30 (2): 1 – 23.

[189] WANG Z, YE F, TAN K H. Effects of managerial ties and trust on supply chain information sharing and supplier opportunism [J]. International journal of production research, 2014, 52 (23): 7046 – 7061.

[190] WIGGINS R R, RUEFLI T W. Schumpeter's ghost: is hypercompetition making the best of times shorter? [J]. Strategic management journal, 2005, 26 (10): 887 – 911.

[191] WIKLUND J, SHEPHERD D. Where to from here? EO-as-experimentation, failure, and distribution of outcomes [J]. Entrepreneurship theo-

ry and practice, 2011, 35 (5): 925 - 946.

[192] WINTER S G. The satisficing principle in capability learning [J]. Strategic management journal, 2000, 21 (10/11): 981 - 996.

[193] WOSCHKE T, HAASE H. Enhancing new product development capabilities of small and medium-sized enterprises through managerial innovations [J]. Journal of high technology management research, 2016, 27 (1): 53 - 64.

[194] WU J. Asymmetric roles of business ties and political ties in product innovation [J]. Journal of business research, 2011, 64 (11): 1151 - 1156.

[195] WU W P. Dimensions of social capital and firm competitiveness improvement: The mediating role of information sharing [J]. Journal of management studies, 2008, 45 (1): 122 - 146.

[196] XIN K R, PEARCE J L. Guanxi connections as substitutes for formal institutional support [J]. Academic management journal, 1996, 39 (6): 1641 - 1658.

[197] YAN M, GRAY B. Bargaining power, management control, and performance in united states-china joint ventures: a comparative case study [J]. Academy of management journal, 1994, 37 (6): 1478 - 1517.

[198] YEUNG L Y, TUNG R L. Achieving success in confucian societies: The importance of guanxi (Connections) [J]. Organizational dynamics, 1996, 15 (2): 54 - 65.

[199] YIN R. Case study research: design and methods [M]. 3rd ed. Thousands Oaks: Sage Publications, 2003.

[200] YIN R K. Case study research: design and methods [M]. Newbury Park CA: Sage Publications, 1984.

[201] YIN R K. Case study research: design and methods [M]. 2nd ed. Newbury Park CA: Sage Publications, 1994.

[202] YU F. Strategic flexibility, entrepreneurial orientation and firm performance: evidence from small and medium-sized business in china [J]. African journal of business management, 2012, 6 (4): 1711 - 1720.

[203] YUSUF A, SAFFU K. Planning and performance of small and medium enterprise operators in a country in transition [J]. Journal of small

business management, 2005, 43 (4): 480-497.

[204] ZAHRA S A, GEORGE G. Manufacturing strategy and new venture performance: a comparison of independent and corporate ventures in the biotechnology industry [J]. Journal of high technology management research, 1999, 10 (2): 313-345.

[205] ZAHRA S A. Predictors and financial outcomes of corporate entrepreneurship: an exploratory study [J]. Journal of business venturing, 1991, 6 (4): 259-285.

[206] ZAHRA S A. Technology strategy and new venture performance: a study of corporate-sponsored and independent biotechnology ventures [J]. Journal of business venturing, 1996, 11 (4): 289-321.

[207] ZAHRA S A. Environment, corporate entrepreneurship, and financial performance: a taxonomic approach [J]. Journal of business venturing, 1993, 8 (4): 319-340.

[208] ZHANG S J, LI X C. Managerial ties, firm resources, and performance of cluster firms [J]. Asia Pacific journal of management, 2008, 25 (4): 615-633.

[209] ZHAO J, LI Y, LIU Y. Organizational learning, managerial ties, and radical innovation: evidence from an emerging economy [J]. IEEE transaction on engineering management, 2016, 63 (4): 489-499.

[210] ZHOU K Z, LI C B. How strategic orientations influence the building of dynamic capability in emerging economies [J]. Journal of business research, 2010, 63 (3): 224-231.

[211] ZHOU K Z, LI J J, SHENG S B. The evolving role of managerial ties and firm capabilities in an emerging econmy: evidence from china [J]. Journal of the academic market science, 2014 (42): 581-595.

[212] ZHOU K Z, TSE D K, LI J J. Organizational change in emerging economies: drivers and consequences [J]. Journal of international business studies, 2006, 37 (2): 248-263.

[213] ZOLLO M, WINTER S G. Deliberate learning and the evolution of dynamic capabilities [J]. Organization science, 2002, 13 (3): 339-351.

[214] 安舜禹, 蔡莉, 单标安. 新企业创业导向、关系利用及绩效关

系研究［J］．科研管理，2014，35（3）：66-74．

［215］边燕杰，张磊．论关系文化与关系社会资本［J］．人文杂志，2013（1）：107-113．

［216］蔡俊亚，党兴华．创业导向与创新绩效：高管团队特征和市场动态性的影响［J］．管理科学，2015，28（5）：42-53．

［217］陈国权，李赞斌．学习型组织中的"学习主体"类型和案例研究［J］．管理科学学报，2002，5（4）：51-61．

［218］陈力田．战略和愿景提升中小企业创新能力机制研究［J］．管理工程学报，2009，23（A1）：18-23．

［219］陈瑞，郑毓煌，刘文静．中介效应分析：原理、程序、Bootstrap方法及其应用［J］．营销科学学报，2013，9（4）：120-135．

［220］邹国庆，倪昌红．管理者的社会关系与企业绩效——组织学习的中介作用［J］．山西财经大学学报，2010（5）：66-73．

［221］陈文婷，惠方方．创业导向会强化创业学习吗——不同创业导向下创业学习与创业绩效关系的实证分析［J］．南方经济，2014，32（5）：69-81．

［222］陈晓萍，徐淑英，樊景立．组织与管理研究的实证方法［M］．北京：北京大学出版社，2012．

［223］戴万亮，张慧颖，金彦龙．内部社会资本对产品创新的影响：知识螺旋的中介效应［J］．科学学研究，2012，30（8）：1263-1271．

［224］戴维奇．"战略创业"与"公司创业"是同一个构念吗？——兼论中国背景下战略创业未来研究的三个方向［J］．科学学与科学技术管理，2015，36（9）：11-20．

［225］单标安．基于中国情境下的创业网络对创业学习过程的影响研究［D］．长春：吉林大学，2013．

［226］邓少军，芮明杰．组织能力演化微观认知机制研究前沿探析［J］．外国经济与管理，2009，31（11）：38-44．

［227］范凌均，李南，陈燕儿．新产品开发的知识管理组织模式研究——以跨国制造企业为例［J］．研究与发展管理，2010，22（6）：57-63．

［228］冯海燕，王方华．新常态下我国企业发展的对策研究——创业导向的构建与路径选择［J］．现代管理科学，2015（12）：18-20．

[229] 冯军政, 刘洋, 金露. 企业社会网络对突破性创新的影响研究: 创业导向的中介作用 [J]. 研究与发展管理, 2015 (2): 89-100.

[230] 高宇, 高山行. 企业战略导向与管理者社会资本的交互作用机制研究 [J]. 科学学与科学技术管理, 2010 (4): 149-155.

[231] 谷奇峰, 丁慧平. 企业能力理论研究综述 [J]. 北京交通大学学报 (社会科学版), 2009, 8 (1): 17-22.

[232] 郭海, 王栋, 刘衡. 基于权变视角的管理者社会关系对企业绩效的影响研究 [J]. 管理学报, 2013 (3): 360-367.

[233] 郭海, 王栋, 薛佳奇. 企业管理者的社会关系: 研究回顾与展望 [J]. 科学学与科学技术管理, 2011 (7): 154-159.

[234] 郭海. 管理者的社会关系影响民营企业绩效的机制研究 [J]. 管理科学, 2013, 26 (4): 13-24.

[235] 郭海. 管理者关系对企业资源获取的影响: 一种结构性观点 [J]. 中国人民大学学报, 2010, 24 (3): 134-143.

[236] 何小洲, 熊娟. 市场导向、创造力与新产品开发绩效关系研究 [J]. 软科学, 2012, 26 (5): 20-26.

[237] 何铮, 谭劲松, 陆园园. 组织环境与组织战略关系的文献综述及最新研究动态 [J]. 管理世界, 2006 (11): 144-151.

[238] 胡赛全, 詹正茂, 钱悦, 等. 企业创新文化、战略能力对创业导向的影响研究 [J]. 科研管理, 2014, 35 (10): 107-113.

[239] 黄芳铭. 结构方程模式: 理论与应用 [M]. 北京: 中国税务出版社, 2005.

[240] 黄继生. 网络嵌入与突破性创新绩效关系研究: 创新合法性和创新资源获取的影响 [D]. 杭州: 浙江工商大学, 2017.

[241] 姜翰, 金占明, 焦捷, 等. 企业组织关系收益诉求对管理者关系实践影响的实证研究——我国市场环境下的组织关系收益、关系运用与关系治理 [J]. 中国软科学, 2009 (11): 93-108.

[242] 焦豪, 魏江, 崔瑜. 企业动态能力构建路径分析: 基于创业导向和组织学习的视角 [J]. 管理世界, 2008 (4): 91-106.

[243] 康健. 我国中小企业全面风险管理体系探讨 [J]. 中小企业管理与科技, 2015 (16): 16-17.

[244] 黎赔肆, 焦豪. 动态环境下组织即兴对创业导向的影响机制研

究［J］．管理学报，2014，（9）：1366－1371．

［245］李大元．企业环境不确定性研究及其新进展［J］．管理评论，2010（11）：81－87．

［246］李怀祖．管理研究方法论［M］．西安：西安交通大学出版社，2004．

［247］李京勋，鱼文英，石庆华．管理者关系特性对海外子公司知识获取及公司绩效的影响研究［J］．管理学报，2012，9（1）：115－123．

［248］李瑶，刘益，刘婷．管理者社会联系与企业创新绩效：基于创新环境调节作用的实证研究［J］．科技进步与对策，2013，30（22）：101－105．

［249］李志远，赵树宽．跨部门整合、研发强度对新产品研发成功的影响——基于生物医药企业的实证研究［J］．科学学研究，2011，29（1）：49－55．

［250］李作战．企业社会资本、创业导向和创业绩效关系研究：基于科技型中小企业的创业［D］．广州：暨南大学，2010．

［251］林苞．知识溢出与创业：基于中国地区数据的研究［J］．科学学与科学技术管理，2013，（9）：142－148．

［252］林筠，李随成．企业智力资本对供应商参与新产品开发影响关系的实质研究［J］．管理工程学报，2010，24（3）：13－18．

［253］林琳，陈万明．创业导向、双元创业学习与新创企业绩效关系研究［J］．经济问题探索，2016（2）：63－70．

［254］林嵩，张帏，邱琼．创业过程的研究评述及发展动向［J］．南开管理评论，2004（3）：47－50．

［255］刘景江，陈璐．创业导向、学习模式与新产品开发绩效关系研究［J］．浙江大学学报（人文社会科学版），2011，41（6）：143－156．

［256］刘万利，胡培，许昆鹏．创业机会真能促进创业意愿产生吗——基于创业自我效能和风险的混合效应研究［J］．南开管理评论，2011，14（5）：83－90．

［257］刘雪锋．网络嵌入性与差异化战略及企业绩效关系研究［D］．杭州：浙江大学，2007．

［258］马文聪，丁宝军，朱桂龙．新产品研发中内外部整合对开发效率的影响机制［J］．科学学研究，2013，31（4）：567－577．

[259] 马喜芳,颜世富. 创业导向对组织创造力的作用机制研究——基于组织情境视角 [J]. 研究与发展管理, 2016, 28 (1): 73-83.

[260] 毛基业,张霞. 案例研究方法的规范性及现状评估: 中国企业管理案例论坛 (2007) 综述 [J]. 管理世界, 2008 (4): 115-121.

[261] 潘安成,李鹏飞. 交情行为与创业机会: 基于农业创业的多案例研究 [J]. 管理科学, 2014 (4): 59-75.

[262] 潘宏亮. 社会资本、知识获取与企业新产品开发能力关系研究 [J]. 财经论丛, 2013, 171 (2): 112-116.

[263] 裴旭东,黄聿舟,李随成. 资源识取对新创企业新产品开发优势的影响研究 [J]. 华东经济管理, 2016, 30 (12): 35-40.

[264] 彭伟,符正平. 高新技术企业创业导向、联盟能力与联盟绩效关系研究 [J]. 科研管理, 2012, 33 (12): 78-85.

[265] 秦剑. 研发、制造、营销跨职能整合与新产品开发产品创新性的差异效应研究 [J]. 中国管理科学, 2014, 22 (1): 130-138.

[266] 任旭林,王重鸣. 基于认知观的创业机会评价研究 [J]. 科研管理, 2007, 28 (2): 15-18.

[267] 尚航标,黄培伦. 管理认知与动态环境下企业竞争优势: 万和集团案例研究 [J]. 南开管理评论, 2010, 13 (3): 70-79.

[268] 斯晓夫,王颂,傅颖. 创业机会从何而来: 发现, 构建还是发现+构建?——创业机会的理论前沿研究 [J]. 管理世界, 2016 (3): 115-127.

[269] 沈灏,王龙伟. 战略联盟中知识管理对企业新产品开发影响的实证研究 [J]. 管理评论, 2011, 23 (4): 97-104.

[270] 石盛林,黄芳. 战略管理认知学派研究综述 [J]. 科技进步与对策, 2017, 34 (6): 156-160.

[271] 宋典,袁勇志,张伟炜. 创业导向对员工创新行为影响的跨层次实证研究: 以创新氛围和心理授权为中介变量 [J]. 科学学研究, 2011, 29 (8): 1266-1273.

[272] 苏敬勤,崔淼. 企业家认知资源与管理创新决策: 理论与案例实验 [J]. 管理评论, 2011, 23 (8): 120-130.

[273] 苏敬勤,崔淼. 探索性与验证性案例研究访谈问题设计: 理论与案例 [J]. 管理学报, 2011, 8 (10): 1428-1437.

[274] 苏敬勤，张彩悦，单国栋. 中国企业家圈子生成机理研究——基于情境视角 [J]. 科研管理, 2017, 38 (12): 106-115.

[275] 孙海法，刘运国，方琳. 案例研究的方法论 [J]. 科研管理, 2004, 25 (2): 107-112.

[276] 孙红霞. 知识基础资源与竞争优势：创业导向与学习导向的联合调节效应 [J]. 南方经济, 2016, 35 (9): 32-46.

[277] 王涛，张雁，李姝. 管理认知对企业能力构建的影响 [J]. 经济管理, 2012 (3): 179-188.

[278] 王益谊，席酉民，毕鹏程. 组织环境的不确定性研究综述 [J]. 管理工程学报, 2005, 19 (1): 46-50.

[279] 王永健，谢卫红. 转型环境下管理者关系对企业绩效的影响研究 [J]. 管理科学, 2015, 28 (6): 39-49.

[280] 卫武，夏清华，贺伟，等. 企业的可见性和脆弱性有助于提升对利益相关者压力的认知及其反应吗？——动态能力的调节作用 [J]. 管理世界, 2013 (11): 101-117.

[281] 魏江，戴维奇，林巧. 公司创业研究领域两个关键构念：创业导向与公司创业的比较 [J]. 外国经济与管理, 2009, 31 (1): 24-31.

[282] 温忠麟，张雷，侯杰泰. 有中介的调节变量和有调节的中介变量 [J]. 心理学报, 2006, 38 (3): 448-452.

[283] 吴建祖，龚雪芹. 创业导向对企业绩效影响的实证研究——环境动态性的调节作用 [J]. 科技管理研究, 2015, 35 (9): 197-201.

[284] 吴隆增，刘军，刘刚. 辱虐管理与员工表现：传统性与信任的作用 [J]. 心理学报, 2009, 41 (6): 510-518.

[285] 吴明隆. 问卷统计分析实务：SPSS 操作与应用 [M]. 重庆：重庆大学出版社, 2010.

[286] 吴伟伟，邓强，于渤. 技术能力对新产品开发绩效的影响：以技术管理为调节变量 [J]. 科学学研究, 2010, 28 (3): 429-435.

[287] 武立东，王凯，黄海昕. 组织外部环境不确定性的研究述评 [J]. 管理学报, 2012, 9 (11): 1712-1717.

[288] 熊红星，张璟，叶宝娟，等. 共同方法变异的影响及其统计控制途径的模型分析 [J]. 心理科学进展, 2012, 20 (5): 757-769.

[289] 姚铮，金列. 多元化动机影响企业财务绩效机理研究：以浙江

民企雅戈尔为例［J］. 管理世界, 2009（12）: 137-149.

［290］杨俊, 张玉利, 杨晓非, 等. 关系强度、关系资源与新企业绩效: 基于行为视角的实证研究［J］. 南开管理评论, 2009, 12（4）: 44-54.

［291］杨卓尔, 高山行, 曾楠. 战略柔性对探索性创新与应用性创新的影响——环境不确定性的调节作用［J］. 科研管理, 2016, 37（1）: 1-10.

［292］姚山季, 王永贵. 顾客参与新产品开发及其绩效影响: 关系嵌入的中介机制［J］. 管理工程学报, 2012, 26（4）: 39-48.

［293］易朝辉. 网络嵌入、创业导向与新创企业绩效关系研究［J］. 科研管理, 2012, 33（11）: 105-115.

［294］易朝辉. 组织创业氛围、创业导向与创业企业绩效研究［J］. 管理学报, 2012, 9（10）: 1484-1489.

［295］尹珏林. 组织新颖性、创业导向与公司伦理管理: 一个调节效应模型及启示［J］. 科学学与科学技术管理, 2012, 33（12）: 97-107.

［296］尹苗苗, 毕新华, 王亚茹. 新企业创业导向、机会导向对绩效的影响研究——基于中国情境的实证分析［J］. 管理科学学报, 2015, 18（11）: 47-58.

［297］尹苗苗. 创业导向、投机导向与资源获取的关系［J］. 经济管理, 2013, 35（5）: 43-51.

［298］余民宁, 李仁豪. 调查方式与议题熟悉度对问卷回收率与内容的影响［J］. 教育学刊, 2008（30）: 101-140.

［299］余颖, 伍青生, 汤凌冰. 同行竞争者合作对企业新产品开发绩效的影响——企业的政府关系与政府支持的调节作用［J］. 经济与管理研究, 2016, 37（3）: 108-115.

［300］俞仁智, 何洁芳, 刘志迎. 基于组织层面的公司企业家精神与新产品创新绩效——环境不确定性的调节作用［J］. 管理评论, 2015（9）: 85-94.

［301］袁喜娜, 薛佳丽. 企业社会网络对新产品开发绩效的影响——兼论不正当竞争的调节效应［J］. 厦门大学学报（哲学社会科学版）, 2016（6）: 106-115.

［302］张红, 葛宝山. 创业机会识别研究现状述评及整合模型构建

[J]. 外国经济与管理, 2014, 36 (4): 15-24, 46.

[303] 张宏云. 创业导向构建测量研究前沿探析与未来研究建议——基于反映型和构成型模型 [J]. 外国经济与管理, 2012, 34 (6): 9-16.

[304] 张晓军, 席酉民, 谢言, 等. 基于和谐管理理论的企业动态能力研究 [J]. 管理科学学报, 2010, 13 (4): 1-11.

[305] 张玉利, 杨俊, 戴燕丽. 中国情境下的创业研究现状探析与未来研究建议 [J]. 外国经济与管理, 2012, 34 (1): 1-9.

[306] 赵蓓. 嵌入性与产业集群竞争力: 理论研究与分析框架 [J]. 东南学术, 2004 (6): 138-145.

[307] 翟森竞, 高维和, 谭云清. 朋友角色导向对产品创新绩效的影响——动态能力与组织角色视角 [J]. 科技进步与对策, 2016, 33 (11): 86-94.

[308] 朱秀梅, 姜洋, 杜政委, 等. 知识管理过程对新产品开发绩效的影响研究 [J]. 管理工程学报, 2011, 25 (4): 113-122.

[309] 朱秀梅, 孔祥茜, 鲍明旭. 国外创业导向研究脉络梳理与未来展望 [J]. 外国经济与管理, 2013, 35 (8): 2-13.

[310] 朱秀梅, 张婧涵, 肖雪. 国外创业学习研究演进探析及未来展望 [J]. 外国经济与管理, 2013 (12): 20-30.

[311] 邹国庆, 倪昌红. 管理者的社会关系与企业绩效: 组织学习的中介作用 [J]. 山西财经大学学报, 2010, 32 (5): 66-73.

后　　记

　　咸阳今年冬天的蓝天比往年多了些。

　　"牛转乾坤"是今年说得最多的一个词，大家都希望来年会越来越好！

　　我坐在新校区的办公室里，整理着书稿，期待着自己用心写成的文字变成书。非常感谢在本书写作和出版过程中给予我帮助的学校领导、老师和朋友们。

　　由衷地感谢我的恩师——赵蓓教授。成为赵门弟子，是我毕生的骄傲与荣耀。感谢恩师全方位的教诲，让我理解了如何才能做到生活的圆满。如果说读博是一份坚持，那么，我要感谢在坚持的过程中给予我支持和帮助的亲朋好友们。感谢杨壮博士、陈蓉博士在艰难日子里的陪伴与鼓励，这份温暖永存我心。感谢我的赵门同门，你们让我感受到兄弟姐妹的温暖和舒心。感谢袁政慧师兄、林必越师兄、杨威师兄、贾艳瑞师姐、韦荷琳师姐、张小三师兄、吴芳师姐、陈三可同门、兰福音师弟对我的论文写作以及生活上的帮助。

　　如果说读博是我的梦想的实现，那么，我要感谢我的家人对我追逐梦想的大力支持，默默付出。

　　纸短情长，有限的致谢不足以表达我内心的感恩之情，正是有了大家的支持和帮助，我才能顺利完成博士学位论文，为本书的出版奠定了坚实的基础。

　　本书是基于问卷调研的研究方法开展的研究，是在我的博士学位论文的基础上修订而成的。感谢大伯王志新、好友臧丽丽和岳萍、老同学方慧霞在问卷收集过程中的鼎力相助，使我完成了很多在我的能力范围之外的事情。

　　感谢西藏民族大学多年来对我的培养和支持，感谢管理学院的领导和同事们对我的帮助与肯定。

感谢中山大学出版社，感谢副总编辑嵇春霞女士、责任编辑潘惠虹女士在本书出版过程中的鼎力协助。

由于时间和水平有限，本书难免有不当和疏漏之处，敬请大家批评指正。另外，本书中的图表引用、参考他人的均已注明图表来源，未注明出处的则为本人根据研究整理得出。

马丽

2021 年 1 月 28 日

于西藏民族大学秦汉校区